Für Roberto, dessen Abwesenheit mein Herz mit Erinnerungen füllt und dessen Andenken jeden meiner Schritte leitet.

©Copyright 2024
Pictures: Envato Elements / ChatGPT

Inhaltsverzeichnis

The Art of Prompting 5
   Prolog 5
Kapitel 1: Die Revolution der KI in der Arbeitswelt 8
Kapitel 2: Die wichtigsten KI-Tools für Fachleute 14
Kapitel 3: Was ist ein Prompt und warum ist es wichtig? 21
Kapitel 4: Techniken zur Erstellung effektiver Prompts 27
Kapitel 5: Prompts für fortschrittliche Sprachmodelle 33
Kapitel 6: Prompts für Visualisierungs- und Datenanalyse-Tools 39
Kapitel 7: Integration von KI in deinen Arbeitsalltag 45
Kapitel 8: Strategien für digitales Marketing mit KI 51
Kapitel 9: Automatisierung und Effizienz im E-Commerce 57
Kapitel 10: Die Zukunft der künstlichen Intelligenz in der Arbeitswelt 64
Kapitel 11: Ethik und Verantwortung beim Einsatz von KI 69
Kapitel 12: Zusätzliche Ressourcen zur Vertiefung der KI 76
Kapitel 13: Ein Geschäft mit KI aufbauen 81
Kapitel 14: Fazit und abschließende Überlegungen 87
KI-Tools im Buch „The Art of Prompting" 91
Zusätzliche KI-Tools 95
Allgemeine Prompts und ihre Ziele 102
Prompts für verschiedene Aufgaben 112

The Art of Prompting

Prolog

Stell dir vor, wir sitzen gemütlich bei einer Tasse Kaffee und plaudern über die faszinierende Welt der Künstlichen Intelligenz (KI). Bevor wir in die Tiefen der KI eintauchen, möchte ich dir ein bisschen von meiner Reise erzählen – eine Reise, die mich von der Welt des digitalen Marketings hin zu den beeindruckenden Möglichkeiten der KI geführt hat.

Meine Reise begann vor einigen Jahren, als ich tief in der Welt des digitalen Marketings steckte. Ich verbrachte meine Tage damit, Marketingstrategien zu entwickeln, Inhalte zu erstellen und ständig nach neuen Wegen zu suchen, um die Sichtbarkeit und Reichweite meiner Kunden zu erhöhen. SEO (Suchmaschinenoptimierung) war dabei mein tägliches Brot, und ich war immer auf der Suche nach frischen, ansprechenden Inhalten, die nicht nur die Suchmaschinen begeistern, sondern auch die Leser fesseln konnten.

Eines Tages, nach stundenlangem Brainstorming und mühevollem Schreiben, begann ich nach einer Lösung zu suchen, die mir diese Arbeit erleichtern könnte. Ich träumte von einem Werkzeug, das in der Lage wäre, automatisch hochwertige Texte für meinen SEO-Blog zu generieren. Diese Suche führte mich auf eine spannende Reise, die mein Verständnis und meine Arbeitsweise für immer verändern sollte.

Während meiner Recherche stieß ich auf die faszinierende Welt der Künstlichen Intelligenz. Es war, als hätte ich eine Schatzkiste geöffnet – die Möglichkeiten schienen endlos! Besonders beeindruckt war ich von den fortschrittlichen Sprachmodellen, die Texte mit einer erstaunlichen Präzision und Kreativität erzeugen konnten. Mein erstes Experiment mit einem KI-Textgenerator war ein echter Augenöffner. Der Text, den die KI generierte, war nicht nur grammatikalisch korrekt, sondern auch inhaltlich überzeugend und relevant. Es war, als hätte ich einen neuen, hochqualifizierten Kollegen gewonnen!

Diese Entdeckung war der Beginn meiner Leidenschaft für KI. Ich begann, tiefer in die Materie einzutauchen, verschiedene Tools auszuprobieren und zu lernen, wie man effektive Prompts erstellt, um die besten Ergebnisse zu erzielen. Die Fähigkeit der KI, nicht nur Texte zu generieren, sondern auch Daten zu analysieren, Visualisierungen zu erstellen und komplexe Aufgaben zu automatisieren, eröffnete mir völlig neue Möglichkeiten.

In diesem Buch möchte ich dir all das Wissen und die Erfahrungen weitergeben, die ich auf dieser spannenden Reise bisher gesammelt habe. Egal, ob du ein erfahrener Profi oder ein neugieriger Anfänger bist – "The Art of Prompting" soll dir dabei helfen, die unglaublichen Potenziale der KI zu entdecken und zu nutzen. Gemeinsam werden wir die Kunst der Prompt-Erstellung meistern und die vielen Möglichkeiten erkunden, wie KI deinen Arbeitsalltag revolutionieren kann.

Mach dich bereit für eine aufregende Reise voller Tipps, Tricks und einer Menge Spaß! Ich freue mich darauf, diese Reise mit dir zu teilen und dir zu zeigen, wie die Welt der Künstlichen Intelligenz dein Leben und Arbeiten verändern kann.

Kapitel 1: Die Revolution der KI in der Arbeitswelt

Willkommen zu unserem ersten Kapitel! Keine Sorge, auch wenn sich das alles sehr technisch anhört – wir gehen das Ganze ganz entspannt und verständlich an.

Ein Blick zurück: Die Arbeitswelt vor der KI

Um die Bedeutung der KI-Revolution zu verstehen, werfen wir zunächst einen kurzen Blick auf die Zeit vor der Einführung dieser bahnbrechenden Technologie. Traditionell war die Arbeitswelt geprägt von manuellen Prozessen, die viel Zeit und Mühe erforderten. Von der Dateneingabe über die Kundenbetreuung bis hin zur Analyse von Geschäftsdaten – viele Aufgaben wurden mühsam und oft repetitiv von Menschenhand erledigt.

Diese Tätigkeiten waren nicht nur zeitaufwendig, sondern oft auch fehleranfällig. Auch die kreative Arbeit, wie das Verfassen von Texten oder das Erstellen von Marketingstrategien, erforderte viel Gehirnschmalz und kreative Energie. In diesem Umfeld war die Suche nach Effizienzsteigerungen und Innovationen ein ständiger Begleiter.

Der große Umbruch: Die Einführung der Künstlichen Intelligenz

Und dann kam die KI. Stellen wir uns die Arbeitswelt als eine große Baustelle vor, auf der plötzlich hochmoderne Maschinen und Roboter auftauchen, die die Bauarbeiter unterstützen. Plötzlich wird die Arbeit effizienter, präziser und schneller erledigt. Genau das hat die Einführung der KI in die Arbeitswelt bewirkt – nur ohne die Helme und Baupläne.

KI ist keine Zukunftsmusik mehr, sondern eine Realität, die bereits in vielen Bereichen Einzug gehalten hat. Ob in der Medizin, im Finanzwesen, im Einzelhandel oder im Marketing – KI-Technologien haben begonnen, Arbeitsprozesse zu transformieren und völlig neue Möglichkeiten zu eröffnen. Hier sind einige der bedeutendsten Veränderungen, die KI mit sich gebracht hat:

- **Automatisierung repetitiver Aufgaben:** Einer der offensichtlichsten Vorteile der KI ist die Fähigkeit, sich wiederholende und monotone Aufgaben zu automatisieren. Aufgaben wie Dateneingabe, Rechnungsstellung oder das Beantworten einfacher Kundenanfragen können

von KI-Systemen effizient übernommen werden. Dies gibt den Mitarbeitern die Freiheit, sich auf komplexere und kreativere Aufgaben zu konzentrieren.
- **Verbesserte Entscheidungsfindung:** KI kann riesige Datenmengen analysieren und daraus wertvolle Erkenntnisse gewinnen. Dies ermöglicht es Unternehmen, fundierte Entscheidungen zu treffen, die auf präzisen Datenanalysen basieren. Von Marktprognosen bis hin zur Optimierung von Lieferketten – die Entscheidungsfindung wird durch KI präziser und schneller.
- **Personalisierung von Kundenerlebnissen:** Im Marketing und Kundenservice spielt KI eine entscheidende Rolle bei der Personalisierung. Durch die Analyse von Kundenverhalten und -präferenzen können KI-Systeme personalisierte Empfehlungen und maßgeschneiderte Inhalte erstellen. Dies verbessert nicht nur die Kundenzufriedenheit, sondern steigert auch die Conversion-Raten.
- **Steigerung der Produktivität:** Durch die Automatisierung und Unterstützung bei komplexen Aufgaben können Mitarbeiter produktiver arbeiten. KI-Tools unterstützen bei der Projektplanung, der Kommunikation und der Zusammenarbeit, was zu einer effizienteren Nutzung der Arbeitszeit führt.

KI in der Praxis: Erfolgsbeispiele aus verschiedenen Branchen

Schauen wir uns einige konkrete Beispiele an, wie KI in verschiedenen Branchen erfolgreich eingesetzt wird:

- **Gesundheitswesen:** KI unterstützt Ärzte bei der Diagnose und Behandlung von Krankheiten. Durch die Analyse medizinischer Daten können KI-Systeme Muster erkennen, die auf bestimmte Erkrankungen hinweisen, und so die Diagnosegenauigkeit verbessern. Roboterassistierte Chirurgie und personalisierte Behandlungspläne sind weitere Beispiele für den Einsatz von KI im Gesundheitswesen.
- **Finanzsektor:** Banken und Finanzinstitute nutzen KI zur Betrugserkennung, Risikobewertung und Anlageberatung. KI kann Transaktionen in Echtzeit überwachen und verdächtige Aktivitäten identifizieren. Zudem helfen KI-basierte Analysetools dabei, fundierte Anlageentscheidungen zu treffen und Risiken zu minimieren.
- **Einzelhandel:** Im Einzelhandel wird KI zur Optimierung der Lagerbestände, zur Personalisierung des Einkaufserlebnisses und zur Verbesserung des Kundenservice eingesetzt. Chatbots beantworten Kundenfragen rund um die Uhr, und intelligente Empfehlungssysteme schlagen Produkte vor, die auf den individuellen Vorlieben der Kunden basieren.
- **Marketing:** Hier hat KI eine wahre Revolution ausgelöst. Von der Erstellung personalisierter

Marketingkampagnen bis hin zur Analyse von Kundenfeedback – KI ermöglicht es Marketern, präzisere und effektivere Strategien zu entwickeln. Automatisierte Content-Generierung und Predictive Analytics sind nur einige der Möglichkeiten, die KI im Marketing bietet.

Die menschliche Komponente: Zusammenarbeit von Mensch und Maschine

Ein wichtiger Punkt, den wir nicht vergessen dürfen, ist die Zusammenarbeit von Mensch und Maschine. KI ist kein Ersatz für menschliche Arbeitskräfte, sondern ein mächtiges Werkzeug, das Menschen unterstützt und ergänzt. Die besten Ergebnisse werden erzielt, wenn Mensch und Maschine Hand in Hand arbeiten.

Stellen wir uns vor, du bist ein Architekt und hast plötzlich Zugang zu einer hochmodernen Zeichenmaschine. Diese Maschine kann deine Entwürfe präzise umsetzen, Berechnungen anstellen und sogar Verbesserungsvorschläge machen. Du bleibst der kreative Kopf, aber die Maschine hilft dir, schneller und effizienter zu arbeiten. Genau so verhält es sich mit KI in der Arbeitswelt.

Herausforderungen und Zukunftsaussichten

Natürlich gibt es auch Herausforderungen bei der Integration von KI in die Arbeitswelt. Datenschutz, ethische Überlegungen und die Notwendigkeit, Mitarbeiter für den Umgang mit KI zu schulen, sind wichtige Aspekte, die berücksichtigt werden müssen.

Doch die Vorteile und Möglichkeiten überwiegen bei weitem.

Die Zukunft der KI in der Arbeitswelt ist vielversprechend. Mit ständigen Weiterentwicklungen und neuen Innovationen wird KI weiterhin eine zentrale Rolle spielen und die Art und Weise, wie wir arbeiten, revolutionieren. Die Reise hat gerade erst begonnen, und wir stehen am Anfang eines aufregenden neuen Kapitels in der Geschichte der Arbeit.

Fazit

Die Revolution der KI in der Arbeitswelt ist in vollem Gange. Von der Automatisierung repetitiver Aufgaben über die Verbesserung der Entscheidungsfindung bis hin zur Personalisierung von Kundenerlebnissen – die Vorteile sind vielfältig und tiefgreifend. Indem wir KI als Werkzeug nutzen und die Zusammenarbeit von Mensch und Maschine fördern, können wir die Arbeitswelt effizienter, produktiver und kreativer gestalten.

In den kommenden Kapiteln werden wir tiefer in die verschiedenen Aspekte der KI eintauchen und lernen, wie wir diese Technologie effektiv nutzen können. Mach dich bereit für eine spannende Reise voller Entdeckungen und praktischer Tipps!

Kapitel 2: Die wichtigsten KI-Tools für Fachleute

Nachdem wir nun einen Überblick über die Revolution der KI in der Arbeitswelt gewonnen haben, wollen wir uns in diesem Kapitel auf die Werkzeuge konzentrieren, die diese Revolution möglich machen. Stell dir vor, wir öffnen eine Schatzkiste voller großartiger KI-Tools – jedes davon mit seinen eigenen einzigartigen Fähigkeiten, um dir das Leben zu erleichtern. Also, schnall dich an und lass uns diese faszinierende Welt der KI-Tools erkunden!

Die Grundlagen: Was sind KI-Tools?

Bevor wir uns auf die einzelnen Tools stürzen, lassen wir uns kurz klären, was KI-Tools eigentlich sind. Im Grunde handelt es sich um Softwareanwendungen, die künstliche Intelligenz nutzen, um Aufgaben zu automatisieren, Daten zu analysieren oder Entscheidungen zu unterstützen. Diese Tools sind darauf ausgelegt, menschliche Fähigkeiten zu ergänzen und zu erweitern, indem sie Aufgaben schneller, präziser und oft auch kreativer erledigen.

Jetzt, da wir die Grundlagen verstanden haben, lassen wir uns einen Blick auf einige der wichtigsten KI-Tools werfen, die Fachleute in verschiedenen Bereichen nutzen können.

Sprachmodelle und Textgenerierung: OpenAI GPT-3 und GPT-4

Eines der beeindruckendsten Beispiele für KI-Tools sind die Sprachmodelle von OpenAI, insbesondere GPT-3 und das neuere GPT-4. Diese Modelle sind in der Lage, menschliche Sprache auf eine Weise zu verstehen und zu erzeugen, die verblüffend echt wirkt. Hier sind einige Anwendungsfälle:

- **Content-Erstellung:** Ob Blogposts, Artikel oder Social-Media-Beiträge – GPT-3 und GPT-4 können dabei helfen, hochwertige Inhalte in kürzester Zeit zu erstellen.
- **Übersetzungen:** Diese Sprachmodelle können Texte in verschiedene Sprachen übersetzen, und das mit erstaunlicher Präzision.
- **Kundenservice:** Chatbots, die auf GPT-3 oder GPT-4 basieren, können Kundenanfragen effizient beantworten und dabei eine natürliche Konversation aufrechterhalten.

Datenanalyse und Visualisierung: Tableau und Power BI

Für Fachleute, die mit großen Datenmengen arbeiten, sind Datenanalyse- und Visualisierungstools unerlässlich. Zwei der bekanntesten Tools in diesem Bereich sind Tableau und Microsoft Power BI:

- **Tableau:** Mit Tableau können Benutzer Daten aus verschiedenen Quellen importieren und interaktive Dashboards erstellen. Die visuelle Aufbereitung der Daten hilft dabei, Muster und Trends schnell zu erkennen.
- **Power BI:** Dieses Tool von Microsoft bietet ähnliche Funktionen wie Tableau und ist besonders gut in die Microsoft-Produktpalette integriert. Es ermöglicht die Erstellung von Berichten und Dashboards, die in Echtzeit aktualisiert werden können.

Automatisierung von Geschäftsprozessen: UiPath und Automation Anywhere

Die Automatisierung repetitiver Aufgaben kann die Produktivität erheblich steigern. Hier kommen Tools wie UiPath und Automation Anywhere ins Spiel:

- **UiPath:** Diese Plattform ermöglicht die Automatisierung von Geschäftsprozessen durch den Einsatz von Robotic Process Automation (RPA). UiPath kann Aufgaben wie Dateneingabe, Rechnungsstellung und viele andere repetitive Tätigkeiten übernehmen.

- **Automation Anywhere:** Ähnlich wie UiPath bietet auch dieses Tool umfassende RPA-Lösungen, die es Unternehmen ermöglichen, ihre Geschäftsprozesse effizienter zu gestalten.

Bild- und Spracherkennung: Google Vision AI und Amazon Rekognition

In Bereichen wie der Bilderkennung und der Sprachanalyse bieten Tools wie Google Vision AI und Amazon Rekognition beeindruckende Möglichkeiten:

- **Google Vision AI:** Diese API kann Bilder analysieren und Objekte, Gesichter, Texte und mehr erkennen. Sie wird häufig in Anwendungen wie der Bildersuche und der automatischen Tagging verwendet.
- **Amazon Rekognition:** Ähnlich wie Google Vision AI bietet Amazon Rekognition eine Vielzahl von Bild- und Videoanalysefunktionen. Es kann Gesichter erkennen, emotionale Zustände analysieren und sogar verdächtige Aktivitäten in Videoaufnahmen identifizieren.

KI im Marketing: HubSpot und Marketo

Für Fachleute im Marketing bieten Tools wie HubSpot und Marketo leistungsstarke KI-Funktionen, um Kampagnen zu optimieren und personalisierte Kundenerlebnisse zu schaffen:

- **HubSpot:** Diese All-in-One-Marketingplattform nutzt KI, um E-Mail-Kampagnen zu

personalisieren, Leads zu qualifizieren und den Erfolg von Marketingstrategien zu analysieren.
- **Marketo:** Marketo bietet ähnliche Funktionen wie HubSpot und ist besonders stark in der Automatisierung und Personalisierung von Marketingkampagnen. Die Plattform nutzt KI, um das Verhalten von Kunden zu analysieren und gezielte Kampagnen zu erstellen.

Praktische Beispiele und Erfolgsgeschichten

Lass uns nun einige konkrete Beispiele betrachten, wie diese KI-Tools in der Praxis eingesetzt werden und welche Erfolge damit erzielt wurden:

- **Content-Erstellung mit GPT-3:** Ein kleines Unternehmen, das sich auf SEO-Dienstleistungen spezialisiert hat, nutzt GPT-3 zur Erstellung von Blogposts und Website-Inhalten. Durch den Einsatz des Sprachmodells konnte das Unternehmen die Produktivität steigern und die Qualität der Inhalte verbessern, was zu einer höheren Sichtbarkeit in den Suchmaschinen führte.
- **Datenanalyse mit Tableau:** Ein Finanzdienstleister verwendete Tableau, um komplexe Finanzdaten zu visualisieren und zu analysieren. Durch die interaktiven Dashboards konnte das Unternehmen schneller fundierte Entscheidungen treffen und die Performance seiner Investmentportfolios optimieren.

- **Automatisierung mit UiPath:** Ein E-Commerce-Unternehmen implementierte UiPath, um den Bestell- und Versandprozess zu automatisieren. Dies führte zu einer erheblichen Reduzierung der Bearbeitungszeit und einer verbesserten Kundenzufriedenheit.
- **Bildanalyse mit Google Vision AI:** Eine Plattform für den Verkauf von Kunstwerken nutzte Google Vision AI, um die hochgeladenen Bilder automatisch zu kategorisieren und zu beschreiben. Dies erleichterte den Kunden die Suche nach bestimmten Kunstwerken und steigerte die Verkäufe.
- **Marketing mit HubSpot:** Ein Online-Retailer setzte HubSpot ein, um personalisierte E-Mail-Kampagnen zu erstellen. Die KI analysierte das Kundenverhalten und erstellte maßgeschneiderte Angebote, die zu einer höheren Conversion-Rate und Umsatzsteigerung führten.

Fazit

Die Welt der KI-Tools ist reich an Möglichkeiten und bietet Fachleuten in nahezu jedem Bereich wertvolle Unterstützung. Von der Content-Erstellung über die Datenanalyse bis hin zur Automatisierung von Geschäftsprozessen – die richtigen Werkzeuge können den Unterschied ausmachen und dir helfen, deine Ziele effizienter und kreativer zu erreichen.

Im nächsten Kapitel werden wir tiefer in die Kunst der Prompt-Erstellung eintauchen und lernen, wie wir diese Tools optimal nutzen können. Bis dahin wünsche ich dir viel Spaß beim Entdecken und Ausprobieren der verschiedenen KI-Tools!

Kapitel 3: Was ist ein Prompt und warum ist es wichtig?

Nachdem wir uns die wichtigsten KI-Tools angeschaut haben, ist es nun an der Zeit, ein grundlegendes Konzept zu verstehen: den Prompt. Vielleicht hast du schon einmal von Prompts gehört, aber was genau sind sie und warum sind sie so entscheidend für die Nutzung von KI? Keine Sorge, wir werden alles in einfachen und verständlichen Worten erklären.

Was ist ein Prompt?

Ein Prompt ist im Wesentlichen eine Eingabe, die du einer KI gibst, um eine gewünschte Antwort oder Aktion zu erhalten. Denk an einen Prompt wie an einen Zauberspruch – du sagst die richtigen Worte, und die KI antwortet mit einer erstaunlichen Leistung. Bei Sprachmodellen wie GPT-3 oder GPT-4 ist der Prompt der Text, den du eingibst, um eine sinnvolle und nützliche Antwort zu generieren.

Stell dir vor, du bist in einer Bibliothek und suchst nach einem Buch über Dinosaurier. Du würdest dem Bibliothekar sagen: "Ich suche ein Buch über Dinosaurier." Der Bibliothekar (in diesem Fall die KI) würde dir daraufhin eine Auswahl an passenden Büchern präsentieren. Der Satz, den du gesagt hast, ist dein Prompt.

Warum sind Prompts wichtig?

Prompts sind das Herzstück jeder Interaktion mit KI. Ein gut formulierter Prompt kann den Unterschied zwischen einer hilfreichen und einer nutzlosen Antwort ausmachen. Hier sind einige Gründe, warum Prompts so wichtig sind:

- **Klarheit und Präzision:** Ein klarer und präziser Prompt hilft der KI, genau zu verstehen, was du möchtest. Je genauer dein Prompt, desto genauer und relevanter wird die Antwort sein.
- **Relevanz:** Ein gut formulierter Prompt stellt sicher, dass die Antwort der KI relevant und auf den Punkt ist. Dies ist besonders wichtig bei der

Nutzung von KI für geschäftliche oder kreative Zwecke.
- **Effizienz:** Durch die Verwendung effektiver Prompts kannst du die Effizienz deiner Arbeit steigern. Anstatt mehrfach hin und her zu kommunizieren, kannst du mit einem gut formulierten Prompt sofort die gewünschte Antwort erhalten.

Beispiele für Prompts

Um zu verdeutlichen, wie Prompts funktionieren, schauen wir uns einige Beispiele an:

- **Content-Erstellung:**
  Unklarer Prompt: "Schreibe einen Artikel."
  Klarer Prompt: "Schreibe einen 500-Wörter-Artikel über die Vorteile von erneuerbaren Energien für die Umwelt."
- **Datenanalyse:**
  Unklarer Prompt: "Analysiere die Daten."
  Klarer Prompt: "Erstelle eine Analyse der Verkaufsdaten für das erste Quartal 2024 und identifiziere die drei meistverkauften Produkte."
- **Kundenservice:**
  Unklarer Prompt: "Beantworte die Kundenanfrage."
  Klarer Prompt: "Antworte dem Kunden, dass sein Paket voraussichtlich am 25. Juni 2024 ankommen wird und entschuldige dich für die Verspätung."

Arten von Prompts

Es gibt verschiedene Arten von Prompts, die je nach Anwendung und gewünschter Antwort variieren können. Hier sind einige gängige Arten von Prompts:

- **Informationsprompts:** Diese Prompts zielen darauf ab, spezifische Informationen zu erhalten. Beispiel: "Was sind die Hauptfunktionen von Microsoft Excel?"
- **Handlungsprompts:** Diese Prompts fordern die KI auf, eine bestimmte Aktion durchzuführen. Beispiel: "Erstelle eine Liste der 10 besten Restaurants in Berlin."
- **Kreative Prompts:** Diese Prompts werden verwendet, um kreative Inhalte zu generieren. Beispiel: "Schreibe eine Kurzgeschichte über einen Drachen, der in einer modernen Stadt lebt."
- **Analyseprompts:** Diese Prompts bitten die KI, Daten zu analysieren und Erkenntnisse zu liefern. Beispiel: "Analysiere die Verkaufszahlen von Januar bis März und identifiziere Trends."
-

Best Practices für die Erstellung effektiver Prompts

Jetzt, da wir verstehen, was Prompts sind und warum sie wichtig sind, lass uns einige Best Practices für die Erstellung effektiver Prompts betrachten:

- **Sei spezifisch:** Je spezifischer dein Prompt, desto genauer wird die Antwort der KI sein. Vermeide vage oder allgemeine Formulierungen.

- **Verwende Kontext:** Gib der KI genügend Kontext, damit sie die Aufgabe besser verstehen kann. Dies kann Hintergrundinformationen oder zusätzliche Details umfassen.
- **Teste und optimiere:** Experimentiere mit verschiedenen Formulierungen und optimiere deine Prompts basierend auf den Ergebnissen. Manchmal kann eine kleine Änderung einen großen Unterschied machen.
- **Vermeide Mehrdeutigkeit:** Stelle sicher, dass dein Prompt eindeutig ist und keine Mehrdeutigkeit enthält. Dies hilft, Missverständnisse zu vermeiden.
- **Verwende natürliche Sprache:** Schreibe deine Prompts in einer natürlichen, menschlichen Sprache. Dies hilft der KI, die Anfrage besser zu verstehen und darauf zu reagieren.

Fazit

Prompts sind die Grundlage für jede erfolgreiche Interaktion mit KI. Sie sind der Schlüssel, um präzise und relevante Antworten zu erhalten und die Leistungsfähigkeit von KI voll auszuschöpfen. Indem du lernst, klare, spezifische und gut durchdachte Prompts zu erstellen, kannst du das volle Potenzial der KI nutzen und beeindruckende Ergebnisse erzielen.

Im nächsten Kapitel werden wir uns eingehender mit den Techniken zur Erstellung effektiver Prompts beschäftigen. Wir werden praktische Tipps und Tricks teilen, um sicherzustellen, dass deine Prompts immer auf den Punkt und erfolgreich sind. Bis dahin, viel Spaß beim Experimentieren mit deinen eigenen Prompts!

Kapitel 4: Techniken zur Erstellung effektiver Prompts

In diesem Kapitel geht es darum, wie du effektive Prompts erstellst. Du wirst lernen, wie du deine Anfragen an KI so formulierst, dass du die besten Ergebnisse erzielst. Mach dich bereit für praktische Tipps und Tricks, die dir helfen werden, deine Prompts auf ein neues Level zu bringen.

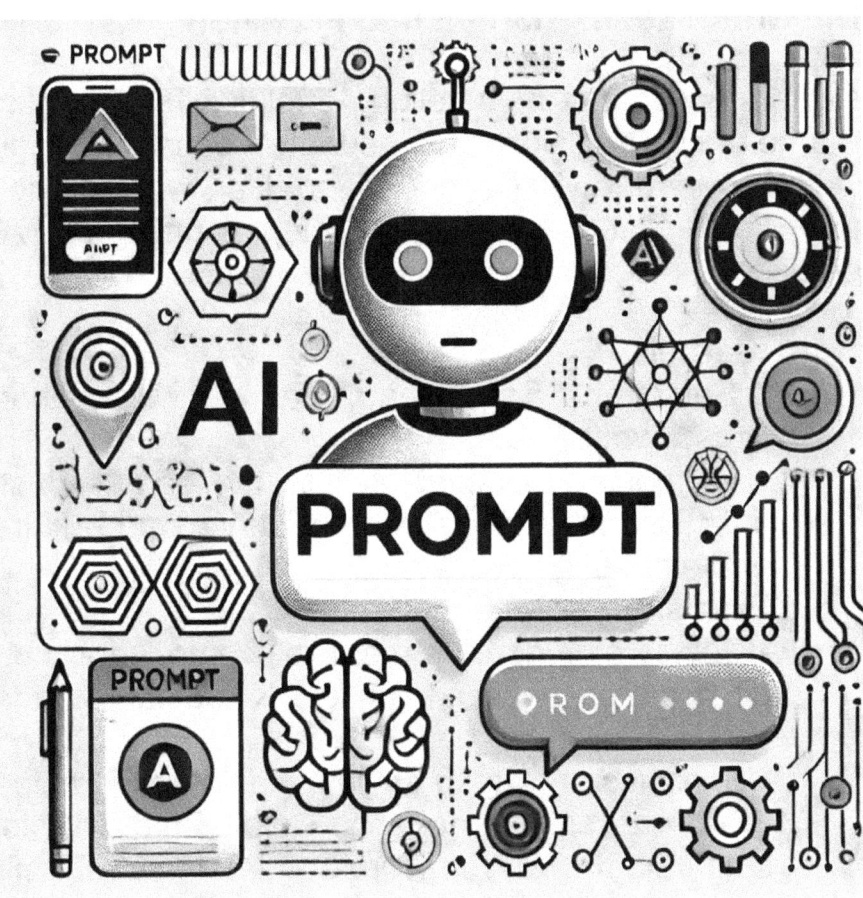

Warum effektive Prompts entscheidend sind

Bevor wir in die Techniken eintauchen, lass uns kurz wiederholen, warum effektive Prompts so wichtig sind. Ein gut formulierter Prompt stellt sicher, dass die KI genau versteht, was du möchtest, und dir präzise und relevante Antworten gibt. Das spart nicht nur Zeit, sondern erhöht auch die Qualität der Ergebnisse. Mit den richtigen Techniken kannst du die KI optimal nutzen und beeindruckende Resultate erzielen.

Die Grundlagen: Klarheit und Präzision

Der erste Schritt zur Erstellung effektiver Prompts ist Klarheit und Präzision. Das bedeutet, dass du genau weißt, was du willst, und es so klar wie möglich formulierst. Hier sind einige Tipps, um dies zu erreichen:

- **Klarheit:**
  - Sei direkt: Sag genau, was du willst, ohne Umschweife.
  - Vermeide Mehrdeutigkeit: Achte darauf, dass dein Prompt nicht mehrdeutig ist. Verwende klare und eindeutige Wörter.
- **Präzision:**
  - Details einfügen: Je mehr relevante Details du gibst, desto besser kann die KI deine Anfrage verstehen.
  - Spezifische Fragen stellen: Anstatt allgemeine Fragen zu stellen, gehe ins Detail. Zum Beispiel statt "Erzähl mir von Hunden" lieber "Erzähl mir von den beliebtesten Hunderassen in Deutschland."

Kontext und Hintergrundinformationen

Ein weiterer wichtiger Aspekt ist, der KI genügend Kontext und Hintergrundinformationen zu geben. Dies hilft der KI, die Anfrage besser zu verstehen und eine relevantere Antwort zu liefern. Hier sind einige Tipps:

- **Relevanter Kontext:**
  - Biete Hintergrundinformationen: Wenn deine Anfrage spezifisches Wissen oder Kontext erfordert, stelle sicher, dass du diesen bereitstellst.
  - Beispiele geben: Beispiele helfen der KI, deine Anfrage besser zu verstehen. Zum Beispiel: "Schreibe einen Blogpost über nachhaltige Mode. Beispiel: 'Nachhaltige Mode ist nicht nur gut für die Umwelt, sondern auch für deinen Geldbeutel.'"
- **Klarer Zweck:**
  - Definiere das Ziel: Erkläre, was du mit der Antwort erreichen möchtest. Zum Beispiel: "Ich brauche eine kurze Zusammenfassung eines wissenschaftlichen Artikels für eine Präsentation."

Die richtige Struktur

Die Struktur deines Prompts kann einen großen Unterschied machen. Eine gute Struktur hilft der KI, deine Anfrage systematisch zu bearbeiten. Hier sind einige strukturelle Tipps:

- **Einfache Sätze:**
  - Vermeide komplexe Sätze: Halte deine Sätze

einfach und klar. Das hilft der KI, deine Anfrage schneller zu verarbeiten.
- Nutzerfreundliche Sprache: Verwende eine natürliche, freundliche Sprache, die leicht verständlich ist.
- **Bullet Points und Listen:**
  - Listen verwenden: Wenn du mehrere Punkte ansprechen möchtest, verwende Bullet Points oder nummerierte Listen. Zum Beispiel: "Erkläre die Vorteile von erneuerbaren Energien: 1. Umweltfreundlich 2. Erneuerbar 3. Kosteneffizient."
- **Abschnitte und Kategorien:**
  - Teile den Prompt in Abschnitte: Wenn deine Anfrage komplex ist, teile sie in Abschnitte oder Kategorien. Zum Beispiel: "Erkläre das Konzept der nachhaltigen Mode. Abschnitt 1: Definition. Abschnitt 2: Vorteile. Abschnitt 3: Beispiele."

Beispiele für effektive Prompts

Um die Theorie in die Praxis umzusetzen, schauen wir uns einige Beispiele für effektive Prompts an:

- **Content-Erstellung:**
  Unklarer Prompt: "Schreibe einen Artikel."
  Effektiver Prompt: "Schreibe einen 500-Wörter-Artikel über die Vorteile von Solarenergie für Privathaushalte. Erwähne dabei die Kosteneffizienz, Umweltvorteile und die technischen Fortschritte der letzten Jahre."
- **Datenanalyse:**
  Unklarer Prompt: "Analysiere die Daten."
  Effektiver Prompt: "Erstelle eine Analyse der

Verkaufsdaten für das erste Quartal 2024. Identifiziere die drei meistverkauften Produkte und erläutere mögliche Gründe für deren Erfolg."
- **Kundenservice:**
Unklarer Prompt: "Beantworte die Kundenanfrage."
Effektiver Prompt: "Antworte dem Kunden, dass sein Paket voraussichtlich am 25. Juni 2024 ankommen wird. Entschuldige dich für die Verspätung und biete einen 10%-Rabatt auf seine nächste Bestellung an."

Fehlervermeidung

Auch die besten Techniken nützen wenig, wenn man häufige Fehler macht. Hier sind einige typische Fehler und wie du sie vermeiden kannst:

- **Zu allgemeine Anfragen:** Vermeide zu breite oder allgemeine Prompts. Sei spezifisch und klar.
Fehler: "Erzähl mir was über Technologie."
Besser: "Erzähl mir von den neuesten Trends in der Smartphone-Technologie im Jahr 2024."
- **Fehlender Kontext:** Gib immer genug Kontext, damit die KI deine Anfrage verstehen kann.
Fehler: "Was sind die Vorteile?"
Besser: "Was sind die Vorteile von Remote-Arbeit für kleine Unternehmen?"
- **Unklare Struktur:** Achte darauf, dass dein Prompt gut strukturiert und leicht verständlich ist.
Fehler: "Ich brauche Infos über das und das und das."
Besser: "Bitte erstelle eine Übersicht über: 1. Die Vorteile von Home-Office 2. Die

Herausforderungen 3. Erfolgsstrategien für die Umsetzung."

Fazit

Die Kunst der Prompt-Erstellung liegt in der Klarheit, Präzision und dem richtigen Kontext. Mit diesen Techniken kannst du sicherstellen, dass deine Anfragen an die KI immer die besten und relevantesten Antworten liefern. Übung macht den Meister – experimentiere mit verschiedenen Formulierungen und finde heraus, was für dich am besten funktioniert.

Im nächsten Kapitel werden wir uns mit Prompts für fortschrittliche Sprachmodelle beschäftigen und noch tiefer in die Materie eintauchen. Bis dahin, viel Spaß beim Erstellen und Optimieren deiner Prompts!

Kapitel 5: Prompts für fortschrittliche Sprachmodelle

Jetzt, da du die Grundlagen und Techniken für die Erstellung effektiver Prompts kennst, ist es an der Zeit, tiefer in die Welt der fortschrittlichen Sprachmodelle einzutauchen. In diesem Kapitel werden wir uns mit Prompts beschäftigen, die speziell für hochentwickelte Sprachmodelle wie GPT-3 und GPT-4 geeignet sind. Diese Modelle bieten erstaunliche Fähigkeiten, die dir helfen können, komplexe und kreative Aufgaben zu bewältigen.

Was sind fortschrittliche Sprachmodelle?

Fortschrittliche Sprachmodelle sind KI-Systeme, die darauf trainiert wurden, menschliche Sprache zu verstehen und zu erzeugen. Diese Modelle, wie GPT-3 und GPT-4, basieren auf riesigen Datensätzen und nutzen tiefgehendes maschinelles Lernen, um natürliche Sprache zu verarbeiten. Sie können eine Vielzahl von Aufgaben erledigen, von der Textgenerierung über die Übersetzung bis hin zur Beantwortung komplexer Fragen.

Die besonderen Fähigkeiten fortschrittlicher Sprachmodelle

Bevor wir uns den spezifischen Prompts zuwenden, ist es hilfreich, die besonderen Fähigkeiten dieser Modelle zu verstehen:

- **Kontextualisierung:** Fortgeschrittene Sprachmodelle können den Kontext verstehen und behalten. Das bedeutet, sie können längere Konversationen führen und Zusammenhänge erkennen.
- **Kreativität:** Diese Modelle können kreative Aufgaben wie das Schreiben von Geschichten, Gedichten oder Werbetexten übernehmen. Sie sind in der Lage, originelle und interessante Inhalte zu erzeugen.
- **Vielseitigkeit:** Sie können eine Vielzahl von Aufgaben erledigen, von der Beantwortung technischer Fragen bis hin zur Erstellung von Marketingstrategien.

- **Sprache und Stil:** Fortgeschrittene Sprachmodelle können den Ton und Stil der Antwort anpassen, je nachdem, wie der Prompt formuliert ist.

Effektive Prompts für fortschrittliche Sprachmodelle

Um die besonderen Fähigkeiten dieser Modelle optimal zu nutzen, ist es wichtig, deine Prompts entsprechend anzupassen. Hier sind einige Techniken und Beispiele:

- **Detaillierte Beschreibungen:** Beispiel: Anstatt "Schreibe eine Geschichte", kannst du sagen: "Schreibe eine Kurzgeschichte über einen mutigen jungen Wissenschaftler, der eine bahnbrechende Entdeckung macht, die die Welt verändert. Die Geschichte sollte in einer futuristischen Stadt spielen und eine unerwartete Wendung enthalten."
- **Szenarien und Rollen:** Beispiel: "Du bist ein Historiker im Jahr 2100, der über die Auswirkungen der digitalen Revolution im 21. Jahrhundert schreibt. Beschreibe die wichtigsten Veränderungen und ihre langfristigen Auswirkungen."
- **Stil und Ton angeben:** Beispiel: "Schreibe eine E-Mail an ein Unternehmen, das du für seine hervorragenden Produkte loben möchtest. Der Ton sollte freundlich und professionell sein."
- **Fragen und Antworten:** Beispiel: "Erkläre die grundlegenden Prinzipien der Quantenphysik so, dass ein 12-Jähriger sie

verstehen kann. Verwende einfache Sprache und Beispiele."
- **Mehrere Aufgaben kombinieren:** Beispiel: "Erstelle einen Marketingplan für ein neues, nachhaltiges Produkt. Der Plan sollte eine Marktanalyse, eine Zielgruppenbeschreibung und eine Social-Media-Strategie umfassen."

Praktische Anwendungsbeispiele

Um die Effektivität dieser Techniken zu verdeutlichen, betrachten wir einige praktische Anwendungsbeispiele:

- **Content-Marketing:**
  Prompt: "Erstelle einen Blogpost über die Vorteile von Remote-Arbeit für Unternehmen und Mitarbeiter. Der Post sollte mindestens 800 Wörter lang sein und durch aktuelle Studien und Daten unterstützt werden."
- **Produktbeschreibungen:**
  Prompt: "Schreibe eine detaillierte Produktbeschreibung für ein neues, ergonomisches Bürostuhlmodell. Erwähne die wichtigsten Funktionen wie verstellbare Armlehnen, Lendenwirbelstütze und atmungsaktives Material. Der Ton sollte informativ und überzeugend sein."
- **Kundenservice:**
  Prompt: "Beantworte eine Kundenanfrage, die sich nach dem Rückgabeprozess für ein defektes Produkt erkundigt. Erkläre den Prozess Schritt für Schritt und biete zusätzliche Hilfe an."
- **Technische Dokumentation:**
  Prompt: "Erstelle eine Bedienungsanleitung für

eine neue Softwareanwendung, die die wichtigsten Funktionen und häufige Probleme abdeckt. Verwende klare und verständliche Sprache sowie Schritt-für-Schritt-Anleitungen."

Häufige Herausforderungen und wie man sie meistert

Auch bei der Arbeit mit fortschrittlichen Sprachmodellen kann es Herausforderungen geben. Hier sind einige häufige Probleme und Lösungen:

- **Unklare Antworten:** Lösung: Präzisiere deinen Prompt. Gib mehr Details und Kontext, um sicherzustellen, dass die KI genau versteht, was du möchtest.
- **Zu lange oder zu kurze Antworten:** Lösung: Gib die gewünschte Länge der Antwort an. Zum Beispiel: "Schreibe einen 300-Wörter-Artikel" oder "Erstelle eine kurze Zusammenfassung in 100 Wörtern."
- **Inkonsistenter Stil:** Lösung: Definiere den gewünschten Stil und Ton im Prompt. Zum Beispiel: "Schreibe im Stil eines wissenschaftlichen Artikels" oder "Verwende einen freundlichen und informellen Ton."
- **Mangelnde Relevanz:** Lösung: Verwende spezifische und relevante Schlüsselwörter im Prompt. Stelle sicher, dass die Anfrage klar und eindeutig ist.

Fazit

Die Erstellung effektiver Prompts für fortschrittliche Sprachmodelle erfordert Klarheit, Präzision und die richtige Struktur. Indem du detaillierte Beschreibungen, Szenarien, Stilvorgaben und kombinierte Aufgaben verwendest, kannst du die Fähigkeiten dieser Modelle optimal nutzen. Mit Übung und Experimentieren wirst du lernen, wie du das volle Potenzial von KI entfalten kannst.

Im nächsten Kapitel werden wir uns mit Prompts für Visualisierungs- und Datenanalyse-Tools beschäftigen. Wir werden praktische Tipps und Beispiele teilen, wie du diese Tools optimal einsetzen kannst, um beeindruckende Grafiken und Analysen zu erstellen. Bis dahin, viel Spaß beim Erstellen deiner eigenen Prompts!

Kapitel 6: Prompts für Visualisierungs- und Datenanalyse-Tools

In diesem Kapitel werden wir uns auf die Erstellung von Prompts für Visualisierungs- und Datenanalyse-Tools konzentrieren. Diese Tools sind unglaublich mächtig, wenn es darum geht, Daten zu verstehen, Muster zu erkennen und Entscheidungen zu treffen. Mit den richtigen Prompts kannst du sicherstellen, dass du das Beste aus diesen Werkzeugen herausholst. Mach dich bereit für eine Reise in die Welt der Daten und Visualisierungen!

Die Bedeutung von Datenvisualisierung und -analyse

Bevor wir uns den Techniken zuwenden, lass uns kurz die Bedeutung der Datenvisualisierung und -analyse hervorheben. Daten sind das neue Gold. Aber ohne die richtigen Werkzeuge und Techniken zur Analyse und Darstellung dieser Daten bleiben sie oft ungenutzt. Visualisierungstools wie Tableau, Power BI oder Google Data Studio helfen dabei, komplexe Daten verständlich und zugänglich zu machen. Sie ermöglichen es dir, Muster und Trends zu erkennen und datenbasierte Entscheidungen zu treffen.

Grundlagen der Datenvisualisierung

Bevor wir zu den spezifischen Prompts kommen, lassen wir uns einige Grundlagen der Datenvisualisierung besprechen. Gute Visualisierungen sind:

- **Klar und präzise:** Die Visualisierung sollte leicht verständlich sein und die wichtigsten Informationen klar darstellen.
- **Zweckmäßig:** Die Visualisierung sollte einen bestimmten Zweck erfüllen, z.B. einen Trend aufzeigen oder einen Vergleich erleichtern.
- **Ästhetisch ansprechend:** Eine gut gestaltete Visualisierung zieht die Aufmerksamkeit auf sich und bleibt im Gedächtnis.

Effektive Prompts für Visualisierungs- und Datenanalyse-Tools

Um das Beste aus Visualisierungs- und Datenanalyse-Tools herauszuholen, müssen die Prompts klar, spezifisch und gut strukturiert sein. Hier sind einige Techniken und Beispiele:

- **Klar definierte Fragen:** Beispiel: "Erstelle ein Liniendiagramm, das die monatlichen Verkaufszahlen des letzten Jahres zeigt. Zeige dabei die Verkaufszahlen für die Produkte A, B und C getrennt an."
- **Angabe des gewünschten Diagrammtyps:** Beispiel: "Erstelle ein Säulendiagramm, das die Anzahl der verkauften Einheiten pro Produktkategorie für das Jahr 2023 darstellt."
- **Inklusive Filter und Segmente:** Beispiel: "Erstelle ein gestapeltes Balkendiagramm, das die Verkaufszahlen nach Region und Produktkategorie zeigt. Filtere die Daten nach dem Zeitraum Januar bis Juni 2023."
- **Spezifische Metriken und KPIs:** Beispiel: "Erstelle ein Dashboard, das die folgenden KPIs zeigt: Gesamtumsatz, durchschnittlicher Bestellwert und Kundenbindungsrate für das letzte Quartal."
- **Trendanalysen:** Beispiel: "Erstelle eine Zeitreihenanalyse, die den Trend der Website-Besucherzahlen über die letzten 24 Monate zeigt. Hebe dabei besondere Ereignisse hervor, die zu Spitzen oder Einbrüchen geführt haben."

Praktische Beispiele für die Erstellung von Prompts

Schauen wir uns einige konkrete Anwendungsbeispiele an, wie du effektive Prompts für Visualisierungs- und Datenanalyse-Tools erstellen kannst:

- **Verkaufsanalyse:**
  Prompt: "Erstelle ein Dashboard, das die Verkaufszahlen nach Monat und Produktkategorie für das Jahr 2023 zeigt. Inkludiere dabei ein Liniendiagramm für die monatlichen Trends und ein Säulendiagramm für den Vergleich der Produktkategorien."
- **Kundenverhaltensanalyse:**
  Prompt: "Erstelle eine Heatmap, die die Anzahl der Käufe nach Wochentag und Uhrzeit darstellt. Filtere die Daten nach den letzten sechs Monaten und zeige die Unterschiede zwischen neuen und wiederkehrenden Kunden."
- **Marketing-Kampagnen-Performance:**
  Prompt: "Erstelle ein Dashboard, das die Performance unserer letzten drei Marketingkampagnen vergleicht. Zeige dabei die Klickrate, die Conversion-Rate und die Kosten pro Conversion für jede Kampagne."
- **Mitarbeiterleistungsanalyse:**
  Prompt: "Erstelle ein Streudiagramm, das die Beziehung zwischen der Anzahl der geleisteten Arbeitsstunden und den erzielten Verkaufsergebnissen für jeden Mitarbeiter im letzten Quartal darstellt."

- **Finanzielle Berichterstattung:**
  Prompt: "Erstelle eine Pivot-Tabelle, die die monatlichen Ausgaben nach Kostenkategorie für das Jahr 2023 zeigt. Füge ein Kreisdiagramm hinzu, das die Verteilung der Gesamtausgaben auf die verschiedenen Kategorien visualisiert."

Herausforderungen und Lösungen bei der Datenvisualisierung

Auch bei der Datenvisualisierung gibt es Herausforderungen. Hier sind einige häufige Probleme und wie du sie lösen kannst:

- **Unklare Visualisierungen:**
  Lösung: Verwende klare Titel und Beschriftungen. Achte darauf, dass die Visualisierung die beabsichtigte Botschaft klar kommuniziert.
- **Zu viele Daten auf einmal:**
  Lösung: Teile die Daten in überschaubare Segmente auf. Verwende Filter und Drill-Down-Optionen, um detailliertere Ansichten zu ermöglichen.
- **Falsche Diagrammtypen:**
  Lösung: Wähle den richtigen Diagrammtyp für die jeweilige Datenart. Verwende z.B. Liniendiagramme für Trends über die Zeit und Balkendiagramme für Vergleiche.
- **Mangelnde Interaktivität:**
  Lösung: Nutze interaktive Elemente wie Filter, Drill-Downs und Tooltips, um den Nutzern mehr Informationen und Kontrolle zu geben.

Fazit

Die Erstellung effektiver Prompts für Visualisierungs- und Datenanalyse-Tools erfordert Klarheit, Präzision und eine gute Struktur. Durch die Verwendung definierter Fragen, spezifischer Diagrammtypen und klarer Metriken kannst du sicherstellen, dass deine Datenvisualisierungen sowohl informativ als auch ansprechend sind. Mit diesen Techniken kannst du das volle Potenzial deiner Daten ausschöpfen und beeindruckende Analysen und Visualisierungen erstellen.

Im nächsten Kapitel werden wir uns mit der Integration von KI in deinen Arbeitsalltag beschäftigen und praktische Strategien zur Steigerung deiner Produktivität durch den Einsatz von KI-Tools erkunden. Bis dahin, viel Spaß beim Erstellen und Optimieren deiner Datenvisualisierungen!

Kapitel 7: Integration von KI in deinen Arbeitsalltag

Nachdem wir die Grundlagen der KI und spezifische Anwendungsfälle durchgegangen sind, ist es nun an der Zeit, zu erfahren, wie du KI nahtlos in deinen Arbeitsalltag integrieren kannst. Lass uns herausfinden, wie du durch den Einsatz von KI-Tools deine Produktivität steigern und deinen Arbeitsablauf effizienter gestalten kannst.

Warum die Integration von KI wichtig ist

Die Integration von KI in den Arbeitsalltag bringt zahlreiche Vorteile mit sich:

- **Produktivitätssteigerung:** KI kann repetitive Aufgaben automatisieren und dir so mehr Zeit für kreative und strategische Arbeiten verschaffen.
- **Verbesserte Entscheidungsfindung:** Durch die Analyse großer Datenmengen kann KI wertvolle Einblicke liefern, die dir helfen, fundierte Entscheidungen zu treffen.
- **Kostenersparnis:** Automatisierung durch KI kann Betriebskosten senken, indem sie die Effizienz steigert und Fehler reduziert.

Schritte zur Integration von KI in deinen Arbeitsalltag

Um KI effektiv in deinen Arbeitsalltag zu integrieren, folge diesen Schritten:

- **Bedarfsanalyse durchführen:**
  - Identifiziere Bereiche in deinem Arbeitsablauf, die zeitaufwendig oder fehleranfällig sind.
  - Überlege, welche Aufgaben durch KI automatisiert oder unterstützt werden könnten.
- **Die richtigen KI-Tools auswählen:**
  - Wähle KI-Tools aus, die zu deinen spezifischen Bedürfnissen und Arbeitsanforderungen passen.
  - Berücksichtige Benutzerfreundlichkeit, Integrationsmöglichkeiten und Kosten bei der Auswahl der Tools.

- **Schulungen und Weiterbildung:**
  - Investiere in Schulungen für dich und dein Team, um die KI-Tools effektiv nutzen zu können.
  - Halte dich über neue Entwicklungen und Best Practices auf dem Laufenden.
- **Pilotprojekte starten:**
  - Beginne mit kleinen Pilotprojekten, um die Effektivität der KI-Tools zu testen.
  - Analysiere die Ergebnisse und optimiere den Einsatz der Tools basierend auf den gewonnenen Erkenntnissen.
- **Kontinuierliche Überwachung und Anpassung:**
  - Überwache regelmäßig die Leistung der KI-Tools und passe deren Einsatz bei Bedarf an.
  - Achte darauf, Feedback von deinem Team zu sammeln und in die Optimierung einfließen zu lassen.

Beispiele für die Integration von KI in verschiedenen Bereichen

Schauen wir uns einige konkrete Beispiele an, wie KI in verschiedenen Arbeitsbereichen integriert werden kann:

- **Marketing:**
  - **Einsatz von Chatbots:** Automatisiere den Kundenservice auf deiner Website durch Chatbots, die häufige Fragen beantworten und rund um die Uhr Unterstützung bieten.

- **Personalisierte E-Mail-Kampagnen:** Nutze KI, um personalisierte E-Mail-Kampagnen zu erstellen, die auf den individuellen Interessen und dem Verhalten deiner Kunden basieren.
- **Finanzen:**
  - **Automatisierte Buchhaltung:** Verwende KI-Tools, um Buchhaltungsprozesse zu automatisieren und Fehler zu reduzieren.
  - **Finanzanalyse:** Nutze KI zur Analyse finanzieller Daten und zur Erstellung präziserer Prognosen und Berichte.
- **Personalwesen:**
  - **Bewerbermanagement:** Setze KI ein, um Lebensläufe zu sichten und die besten Kandidaten für offene Stellen zu identifizieren.
  - **Mitarbeiterentwicklung:** Verwende KI, um individuelle Weiterbildungsprogramme für Mitarbeiter zu erstellen und deren Fortschritte zu verfolgen.
- **Vertrieb:**
  - **Verkaufsprognosen:** Nutze KI zur Erstellung präziser Verkaufsprognosen und zur Identifizierung von Verkaufstrends.
  - **Lead-Scoring:** Verwende KI, um potenzielle Kunden zu bewerten und die vielversprechendsten Leads zu priorisieren.

Praktische Tipps für die Integration von KI

Hier sind einige praktische Tipps, um die Integration von KI in deinen Arbeitsalltag zu erleichtern:

- **Klein anfangen:** Beginne mit kleinen, gut definierbaren Projekten, um erste Erfahrungen

mit KI zu sammeln und deren Nutzen zu bewerten.
- **Team einbinden:** Involviere dein Team frühzeitig in den Integrationsprozess, um Akzeptanz und Verständnis für die neuen Technologien zu fördern.
- **Regelmäßige Schulungen:** Biete regelmäßige Schulungen an, um sicherzustellen, dass alle Teammitglieder die KI-Tools effektiv nutzen können.
- **Feedbackschleifen einrichten:** Sammle regelmäßig Feedback von deinem Team und passe den Einsatz der KI-Tools entsprechend an.
- **Erfolge feiern:** Feiere die Erfolge, die durch den Einsatz von KI erzielt werden, um die Motivation und das Engagement deines Teams zu steigern.

Fazit

Die Integration von KI in den Arbeitsalltag kann eine transformative Wirkung haben. Durch die Automatisierung repetitiver Aufgaben, die Verbesserung der Entscheidungsfindung und die Steigerung der Produktivität können KI-Tools dir und deinem Team helfen, effizienter und effektiver zu arbeiten. Mit den richtigen Strategien und einer schrittweisen Herangehensweise kannst du die Vorteile der KI voll ausschöpfen und deinen Arbeitsalltag revolutionieren.

Im nächsten Kapitel werden wir uns mit Strategien für digitales Marketing mit KI beschäftigen. Wir werden untersuchen, wie du KI nutzen kannst, um deine Marketingbemühungen zu optimieren und beeindruckende Ergebnisse zu erzielen. Bis dahin, viel Erfolg bei der Integration von KI in deinen Arbeitsalltag!

Kapitel 8: Strategien für digitales Marketing mit KI

In diesem Kapitel werden wir uns damit beschäftigen, wie du Künstliche Intelligenz (KI) nutzen kannst, um deine digitalen Marketingstrategien zu optimieren. Lass uns gemeinsam herausfinden, wie KI dir helfen kann, personalisierte Kampagnen zu erstellen, deine Zielgruppe besser zu verstehen und deine Marketingziele effizienter zu erreichen.

Die Rolle der KI im digitalen Marketing

KI revolutioniert das digitale Marketing, indem sie Marketern ermöglicht, tiefere Einblicke in das Kundenverhalten zu gewinnen, Prozesse zu automatisieren und personalisierte Erlebnisse zu schaffen. Hier sind einige der wichtigsten Vorteile von KI im Marketing:

- **Personalisierung:** KI kann Kundendaten analysieren, um maßgeschneiderte Inhalte und Angebote zu erstellen, die genau auf die Bedürfnisse und Interessen deiner Zielgruppe abgestimmt sind.
- **Automatisierung:** KI kann wiederholbare Aufgaben wie E-Mail-Marketing, Social-Media-Posts und Anzeigenoptimierung automatisieren, was Zeit spart und die Effizienz steigert.
- **Datenanalyse:** KI-Tools können große Mengen an Daten schnell analysieren und wertvolle Erkenntnisse liefern, die für fundierte Entscheidungen genutzt werden können.
- **Vorhersagen:** KI kann Trends und Verhaltensmuster vorhersagen, sodass du proaktive und strategische Marketingentscheidungen treffen kannst.

Effektive Strategien für den Einsatz von KI im digitalen Marketing

Lass uns nun einige spezifische Strategien betrachten, wie du KI in deinen Marketingbemühungen einsetzen kannst:

- **Personalisierte E-Mail-Kampagnen:**
Beispiel: Verwende KI-Tools wie HubSpot oder Mailchimp, um personalisierte E-Mail-Kampagnen zu erstellen, die auf dem Verhalten und den Präferenzen der Empfänger basieren.
Technik: Segmentiere deine E-Mail-Liste basierend auf dem Nutzerverhalten und sende gezielte Nachrichten, die spezifische Interessen und Bedürfnisse ansprechen.
- **Chatbots und Kundenservice:**
Beispiel: Implementiere Chatbots auf deiner Website, um rund um die Uhr Kundenanfragen zu beantworten und den Kundenservice zu verbessern.
Technik: Verwende Chatbot-Plattformen wie Drift oder Intercom, um häufig gestellte Fragen zu automatisieren und personalisierte Unterstützung zu bieten.
- **Content-Erstellung und -Optimierung:**
Beispiel: Nutze KI-Tools wie GPT-3 oder Jasper, um hochwertige Inhalte zu erstellen und bestehende Inhalte zu optimieren.
Technik: Generiere Blogposts, Social-Media-Beiträge und Produktbeschreibungen automatisch und optimiere sie für SEO und Leserfreundlichkeit.
- **Social-Media-Management:**
Beispiel: Automatisiere dein Social-Media-Management mit Tools wie Hootsuite oder Buffer, die KI nutzen, um die besten Zeiten für Posts zu bestimmen und Inhalte zu planen.
Technik: Analysiere das Engagement und die Performance deiner Beiträge und optimiere deine

Strategie basierend auf den gewonnenen Erkenntnissen.
- **Anzeigenoptimierung:**
Beispiel: Verwende KI-gestützte Plattformen wie Google Ads oder Facebook Ads, um deine Werbekampagnen zu optimieren und die besten Zielgruppen zu identifizieren.
Technik: Setze maschinelles Lernen ein, um die Anzeigenleistung in Echtzeit zu überwachen und Anpassungen vorzunehmen, um die Conversion-Raten zu maximieren.

Praktische Anwendungsbeispiele

Um die Theorie in die Praxis umzusetzen, schauen wir uns einige konkrete Anwendungsbeispiele an:

- **Personalisierte Produktempfehlungen:**
Prompt: "Erstelle eine E-Mail-Kampagne mit personalisierten Produktempfehlungen basierend auf den letzten Käufen und dem Browsing-Verhalten der Kunden."
Ergebnis: Steigerung der Conversion-Raten und Verbesserung der Kundenzufriedenheit durch relevante und personalisierte Angebote.
- **KI-gesteuerte Marktanalyse:**
Prompt: "Analysiere die aktuellen Markttrends und identifiziere aufkommende Themen, die für unsere Zielgruppe von Interesse sein könnten."
Ergebnis: Entwicklung neuer Inhalte und Produkte, die den aktuellen Bedürfnissen und Interessen der Zielgruppe entsprechen.
- **Automatisierte Social-Media-Kampagnen:**
Prompt: "Plane und optimiere unsere Social-

Media-Posts für die nächsten drei Monate basierend auf dem Engagement und den besten Posting-Zeiten."
Ergebnis: Erhöhtes Engagement und Reichweite durch strategisch geplante und optimierte Social-Media-Aktivitäten.

- **Optimierung der Customer Journey:**
Prompt: "Erstelle eine Analyse der Customer Journey und identifiziere Bereiche, in denen KI eingesetzt werden kann, um die Benutzererfahrung zu verbessern."
Ergebnis: Verbesserte Customer Journey durch gezielte Optimierungen und personalisierte Erlebnisse.

Herausforderungen und Lösungen beim Einsatz von KI im Marketing

Auch bei der Integration von KI im Marketing gibt es Herausforderungen. Hier sind einige häufige Probleme und wie du sie lösen kannst:

- **Datenqualität und -zugänglichkeit:**
Lösung: Stelle sicher, dass deine Daten sauber und gut organisiert sind. Investiere in Datenmanagement-Tools und -Prozesse, um die Qualität und Zugänglichkeit deiner Daten zu gewährleisten.
- **Technische Komplexität:**
Lösung: Wähle benutzerfreundliche KI-Tools und Plattformen, die eine einfache Integration und Nutzung ermöglichen. Biete Schulungen für dein Team an, um die Lernkurve zu minimieren.

- **Kosten:**
  Lösung: Beginne mit kleineren Projekten und Pilotprogrammen, um den ROI von KI-Initiativen zu testen. Skaliere den Einsatz von KI basierend auf den gewonnenen Erkenntnissen und Erfolgen.
- **Ethische Überlegungen:**
  Lösung: Entwickle und implementiere klare Richtlinien für den ethischen Einsatz von KI im Marketing. Achte darauf, dass der Datenschutz und die Privatsphäre der Nutzer respektiert werden.

Fazit

Der Einsatz von KI im digitalen Marketing bietet enorme Chancen, um deine Strategien zu optimieren und beeindruckende Ergebnisse zu erzielen. Durch personalisierte E-Mail-Kampagnen, automatisierte Kundenservice-Lösungen, optimierte Content-Erstellung und präzise Anzeigenplatzierung kannst du die Effizienz und Effektivität deiner Marketingbemühungen erheblich steigern. Mit den richtigen Tools und Techniken kannst du das volle Potenzial der KI ausschöpfen und deine Marketingziele erreichen.

Im nächsten Kapitel werden wir uns mit der Automatisierung und Effizienz im E-Commerce beschäftigen. Wir werden untersuchen, wie du KI nutzen kannst, um deinen Online-Shop effizienter und erfolgreicher zu machen. Bis dahin, viel Erfolg bei der Umsetzung deiner KI-gesteuerten Marketingstrategien!

Kapitel 9: Automatisierung und Effizienz im E-Commerce

In diesem Kapitel konzentrieren wir uns darauf, wie du Künstliche Intelligenz (KI) nutzen kannst, um deinen E-Commerce-Bereich effizienter und erfolgreicher zu gestalten. KI bietet zahlreiche Möglichkeiten, um Prozesse zu automatisieren, die Kundenerfahrung zu verbessern und letztendlich den Umsatz zu steigern. Lass uns gemeinsam entdecken, wie du deinen Online-Shop auf das nächste Level bringen kannst.

Die Rolle der KI im E-Commerce

KI revolutioniert den E-Commerce, indem sie Unternehmen ermöglicht, ihre Abläufe zu optimieren und ihren Kunden personalisierte und nahtlose Einkaufserlebnisse zu bieten. Hier sind einige der wichtigsten Vorteile von KI im E-Commerce:

- **Personalisierung:** KI kann das Verhalten und die Vorlieben der Kunden analysieren, um personalisierte Produktempfehlungen und maßgeschneiderte Marketingkampagnen zu erstellen.
- **Automatisierung:** KI kann wiederholbare Aufgaben wie Bestandsverwaltung, Preisoptimierung und Kundenservice automatisieren, was die Effizienz steigert und Kosten senkt.
- **Datenanalyse:** KI-Tools können große Mengen an Kundendaten analysieren, um wertvolle Erkenntnisse in Trends und Muster zu gewinnen, die für strategische Entscheidungen genutzt werden können.
- **Vorhersagen:** KI kann zukünftige Verkäufe, Nachfrage und Kundentrends vorhersagen, sodass du proaktive und strategische Entscheidungen treffen kannst.

Effektive Strategien für den Einsatz von KI im E-Commerce

Hier sind einige spezifische Strategien, wie du KI in deinem E-Commerce-Geschäft einsetzen kannst:

- **Personalisierte Produktempfehlungen:** Beispiel: Nutze KI-Tools wie Adobe Target oder Nosto, um personalisierte Produktempfehlungen basierend auf dem Browsing- und Kaufverhalten der Kunden zu erstellen. Technik: Analysiere die Kundendaten und biete personalisierte Produktempfehlungen auf der

Website, in E-Mails und über andere Marketingkanäle an.
- **Chatbots und virtueller Assistenten:**
Beispiel: Implementiere Chatbots wie Zendesk Chat oder Tidio, um rund um die Uhr Kundenanfragen zu beantworten und den Kundenservice zu verbessern.
Technik: Verwende Chatbots, um häufig gestellte Fragen zu beantworten, Bestellstatus zu überprüfen und personalisierte Einkaufstipps zu geben.
- **Automatisierte Bestandsverwaltung:**
Beispiel: Setze KI-gestützte Bestandsverwaltungssysteme wie TradeGecko oder NetSuite ein, um den Lagerbestand in Echtzeit zu überwachen und Nachbestellungen automatisch zu verwalten.
Technik: Automatisiere die Bestandsverwaltung, um Engpässe zu vermeiden und sicherzustellen, dass beliebte Produkte immer verfügbar sind.
- **Preisoptimierung:**
Beispiel: Verwende Preisoptimierungssoftware wie Prisync oder Wiser, um Preise dynamisch anzupassen und wettbewerbsfähig zu bleiben.
Technik: Analysiere Markt- und Wettbewerbsdaten, um Preise in Echtzeit anzupassen und die Gewinnmargen zu maximieren.
- **Automatisierte E-Mail-Marketing-Kampagnen:**
Beispiel: Nutze E-Mail-Marketing-Plattformen wie Klaviyo oder Mailchimp, um automatisierte E-Mail-Kampagnen zu erstellen, die auf dem

Verhalten und den Vorlieben der Kunden basieren.
Technik: Versende automatisierte Willkommens-E-Mails, Warenkorbabbruch-Erinnerungen und personalisierte Angebote, um die Kundenbindung zu stärken und den Umsatz zu steigern.

Praktische Anwendungsbeispiele

Lass uns einige konkrete Anwendungsbeispiele betrachten, wie du KI im E-Commerce einsetzen kannst:

- **Personalisierte Einkaufserlebnisse:**
Prompt: "Erstelle eine personalisierte Startseite für jeden Kunden basierend auf seinem bisherigen Verhalten und seinen Vorlieben."
Ergebnis: Erhöhte Conversion-Raten und Kundenzufriedenheit durch maßgeschneiderte Produktempfehlungen und personalisierte Inhalte.
- **Optimierung des Lagerbestands:**
Prompt: "Analysiere die Verkaufsdaten der letzten sechs Monate und erstelle einen automatisierten Nachbestellplan für die beliebtesten Produkte."
Ergebnis: Reduzierte Lagerhaltungskosten und Vermeidung von Ausverkäufen durch effiziente Bestandsverwaltung.
- **Dynamische Preisgestaltung:**
Prompt: "Implementiere eine dynamische Preisstrategie basierend auf Wettbewerbsdaten und saisonalen Trends."

Ergebnis: Steigerung der Gewinnmargen und Wettbewerbsfähigkeit durch flexible und datengetriebene Preisgestaltung.
- **Automatisierte Kundenbetreuung:** Prompt: "Implementiere einen Chatbot, der häufig gestellte Fragen beantwortet und personalisierte Produktvorschläge gibt." Ergebnis: Verbesserter Kundenservice und höhere Kundenzufriedenheit durch schnelle und effiziente Antworten auf Kundenanfragen.
- **Gezielte Marketingkampagnen:** Prompt: "Erstelle automatisierte E-Mail-Kampagnen, die personalisierte Angebote basierend auf dem Kaufverhalten der Kunden enthalten." Ergebnis: Höhere Öffnungs- und Klickraten sowie gesteigerte Umsätze durch gezielte und relevante Marketingkommunikation.

Herausforderungen und Lösungen bei der Integration von KI im E-Commerce

Auch bei der Integration von KI im E-Commerce gibt es Herausforderungen. Hier sind einige häufige Probleme und wie du sie lösen kannst:

- **Datenqualität und -sicherheit:** Lösung: Investiere in zuverlässige Datenmanagement- und Sicherheitslösungen, um sicherzustellen, dass deine Kundendaten sauber, genau und sicher sind.
- **Technische Komplexität:** Lösung: Wähle benutzerfreundliche KI-Tools und Plattformen, die eine einfache Integration und

Nutzung ermöglichen. Biete Schulungen für dein Team an, um die Lernkurve zu minimieren.
- **Kosten:**
Lösung: Beginne mit kleineren Projekten und Pilotprogrammen, um den ROI von KI-Initiativen zu testen. Skaliere den Einsatz von KI basierend auf den gewonnenen Erkenntnissen und Erfolgen.
- **Kundendatenschutz:**
Lösung: Entwickle und implementiere klare Richtlinien für den Umgang mit Kundendaten und stelle sicher, dass alle gesetzlichen Anforderungen eingehalten werden.

Fazit

Die Integration von KI in den E-Commerce bietet enorme Chancen, um deine Geschäftsprozesse zu optimieren und beeindruckende Ergebnisse zu erzielen. Durch personalisierte Produktempfehlungen, automatisierte Bestandsverwaltung, dynamische Preisgestaltung und gezielte Marketingkampagnen kannst du die Effizienz und Effektivität deines Online-Shops erheblich steigern. Mit den richtigen Tools und Techniken kannst du das volle Potenzial der KI ausschöpfen und deinen E-Commerce-Erfolg maximieren.

Im nächsten Kapitel werden wir einen Blick in die Zukunft der künstlichen Intelligenz in der Arbeitswelt werfen. Wir werden untersuchen, welche Trends und Entwicklungen auf uns zukommen und wie wir uns darauf vorbereiten können. Bis dahin, viel Erfolg bei der Umsetzung deiner KI-gesteuerten E-Commerce-Strategien!

Kapitel 10: Die Zukunft der künstlichen Intelligenz in der Arbeitswelt

In diesem Kapitel werfen wir einen Blick in die Zukunft und erkunden, wie künstliche Intelligenz (KI) die Arbeitswelt weiter verändern wird. Welche Trends und Entwicklungen erwarten uns, und wie können wir uns darauf vorbereiten? Lass uns gemeinsam in die Kristallkugel schauen und die spannende Zukunft der KI entdecken.

Der aktuelle Stand der KI

Bevor wir uns den zukünftigen Entwicklungen widmen, ist es wichtig zu verstehen, wo wir derzeit stehen. KI hat bereits erhebliche Fortschritte gemacht und ist in vielen Bereichen des Arbeitslebens integriert, von der Automatisierung einfacher Aufgaben bis hin zur

Unterstützung bei komplexen Entscheidungen. Unternehmen nutzen KI, um Prozesse zu optimieren, Kosten zu senken und die Produktivität zu steigern.

Zukünftige Trends und Entwicklungen

Die Zukunft der KI ist vielversprechend und voller Möglichkeiten. Hier sind einige der wichtigsten Trends und Entwicklungen, die die Arbeitswelt in den kommenden Jahren prägen werden:

- **Fortschritte im maschinellen Lernen und Deep Learning:** KI-Modelle werden immer leistungsfähiger und können komplexere Aufgaben bewältigen. Fortschritte im Bereich des maschinellen Lernens und Deep Learning ermöglichen es, noch genauere Vorhersagen zu treffen und intelligentere Entscheidungen zu treffen.
- **Verstärkte Automatisierung:** Die Automatisierung wird weiter zunehmen und immer mehr Bereiche des Arbeitslebens betreffen. Robotic Process Automation (RPA) wird weiterentwickelt und kann komplexere und vielseitigere Aufgaben übernehmen.
- **Personalisierte Arbeitsumgebungen:** KI wird es ermöglichen, Arbeitsumgebungen zu personalisieren, indem sie individuelle Vorlieben und Bedürfnisse berücksichtigt. Dies könnte von der Anpassung der Arbeitszeiten bis hin zur individuellen Gestaltung der Arbeitsplätze reichen.
- **Erweiterte Realität (AR) und virtuelle Realität (VR):** AR und VR werden zunehmend in

Arbeitsprozesse integriert, um Schulungen, Zusammenarbeit und Produktentwicklung zu verbessern. Diese Technologien werden es ermöglichen, immersive und interaktive Arbeitsumgebungen zu schaffen.
- **KI im Gesundheitswesen:** KI wird eine noch größere Rolle im Gesundheitswesen spielen, von der Diagnose über die Behandlung bis hin zur Patientenüberwachung. Personalisierte Medizin und präzise Diagnosen werden durch KI unterstützt und verbessert.
- **Ethik und Verantwortlichkeit:** Mit der zunehmenden Verbreitung von KI wird die Diskussion über Ethik und Verantwortlichkeit an Bedeutung gewinnen. Unternehmen und Regierungen werden klare Richtlinien und Gesetze entwickeln, um den ethischen Einsatz von KI zu gewährleisten.

Die Auswirkungen auf verschiedene Branchen

Die Entwicklungen in der KI werden verschiedene Branchen unterschiedlich beeinflussen. Schauen wir uns einige Beispiele an:

- **Finanzwesen:** KI wird die Finanzanalyse und -beratung weiter verbessern. Automatisierte Handelssysteme und Risikoanalysen werden präziser und schneller. Personalisierte Finanzdienstleistungen werden zunehmen.
- **Einzelhandel:** Personalisierte Einkaufserlebnisse und effiziente Lieferketten werden durch KI ermöglicht. KI-gesteuerte Lagerverwaltung und dynamische

Preisgestaltung werden den Einzelhandel revolutionieren.
- **Bildung:** KI wird personalisierte Lernpläne und adaptive Lernumgebungen ermöglichen. Virtuelle Tutoren und KI-gestützte Lehrmethoden werden das Lernen individueller und effektiver machen.
- **Produktion und Logistik:** Automatisierte Produktionsprozesse und intelligente Logistiksysteme werden die Effizienz steigern und die Kosten senken. KI wird helfen, Lieferketten zu optimieren und Ausfallzeiten zu reduzieren.
- **Marketing und Vertrieb:** KI wird es ermöglichen, noch präzisere Zielgruppenansprachen und personalisierte Kampagnen zu erstellen. Datenanalyse und Vorhersagemodelle werden den Erfolg von Marketingstrategien verbessern.

Vorbereitung auf die Zukunft der KI

Um von den zukünftigen Entwicklungen der KI zu profitieren, ist es wichtig, sich entsprechend vorzubereiten. Hier sind einige Tipps, wie du und dein Unternehmen sich auf die Zukunft der KI einstellen können:

- **Weiterbildung und Schulungen:** Investiere in die Weiterbildung deiner Mitarbeiter. Biete Schulungen zu KI und den neuesten Technologien an, um sicherzustellen, dass dein Team über die notwendigen Fähigkeiten verfügt.
- **Offenheit für Veränderung:** Sei offen für neue Technologien und Veränderungen in deinem

Arbeitsbereich. Ermutige dein Team, neue Ansätze und Ideen auszuprobieren.
- **Investitionen in Technologie:** Investiere in moderne Technologien und KI-Tools, die deinem Unternehmen helfen können, effizienter und wettbewerbsfähiger zu werden.
- **Ethik und Verantwortlichkeit:** Entwickle und implementiere klare Richtlinien für den ethischen Einsatz von KI. Achte darauf, dass deine KI-Anwendungen transparent und verantwortungsvoll sind.
- **Netzwerken und Zusammenarbeit:** Baue Netzwerke auf und arbeite mit anderen Unternehmen und Institutionen zusammen, um von deren Erfahrungen und Erkenntnissen zu profitieren.

Fazit

Die Zukunft der KI in der Arbeitswelt ist voller spannender Möglichkeiten und Herausforderungen. Durch Fortschritte im maschinellen Lernen, verstärkte Automatisierung und personalisierte Arbeitsumgebungen wird KI unsere Arbeitsweise nachhaltig verändern. Indem wir uns auf diese Veränderungen vorbereiten und die notwendigen Schritte unternehmen, können wir die Vorteile der KI voll ausschöpfen und die Zukunft der Arbeit aktiv gestalten.

Kapitel 11: Ethik und Verantwortung beim Einsatz von KI

In diesem Kapitel werden wir über die ethischen Überlegungen und die Verantwortung beim Einsatz von Künstlicher Intelligenz (KI) sprechen. Während KI unglaubliche Möglichkeiten bietet, bringt sie auch eine Reihe von Herausforderungen und ethischen Fragen mit sich. Lassen Sie uns untersuchen, wie Unternehmen sicherstellen können, dass ihre KI-Anwendungen fair, transparent und verantwortungsvoll sind.

Die Bedeutung von Ethik in der KI

Ethik ist ein zentrales Thema beim Einsatz von KI, da Entscheidungen, die durch KI-Systeme getroffen werden, tiefgreifende Auswirkungen auf Menschen und

Gesellschaft haben können. Ohne ethische Überlegungen können KI-Anwendungen zu Diskriminierung, Ungerechtigkeit und Missbrauch führen. Hier sind einige Gründe, warum Ethik in der KI wichtig ist:

- **Fairness:** KI-Systeme sollten fair und unvoreingenommen sein. Sie sollten sicherstellen, dass alle Nutzer gleich behandelt werden und keine Gruppe benachteiligt wird.
- **Transparenz:** Die Entscheidungsprozesse von KI-Systemen sollten transparent und nachvollziehbar sein. Nutzer sollten verstehen können, wie und warum bestimmte Entscheidungen getroffen werden.
- **Verantwortlichkeit:** Unternehmen müssen die Verantwortung für die Entscheidungen und Handlungen ihrer KI-Systeme übernehmen. Es sollte klare Verantwortlichkeiten und Rechenschaftspflichten geben.
- **Datenschutz:** Der Schutz der Privatsphäre und der persönlichen Daten der Nutzer muss gewährleistet sein. Daten sollten sicher und verantwortungsvoll verwendet werden.

Ethische Herausforderungen bei der Nutzung von KI

Es gibt verschiedene ethische Herausforderungen, die bei der Nutzung von KI berücksichtigt werden müssen:

- **Bias und Diskriminierung:** Herausforderung: KI-Systeme können ungewollte Vorurteile (Bias) aufweisen, die zu

Diskriminierung führen können. Dies kann durch unvollständige oder verzerrte Trainingsdaten entstehen.
Lösung: Verwende vielfältige und repräsentative Datensätze für das Training von KI-Modellen. Implementiere regelmäßige Überprüfungen und Tests, um Bias zu erkennen und zu korrigieren.

- **Transparenz und Erklärbarkeit:** Herausforderung: KI-Systeme, insbesondere komplexe Modelle wie Deep Learning, können als "Black Boxes" fungieren, deren Entscheidungsprozesse schwer nachvollziehbar sind.
Lösung: Entwickle erklärbare KI-Modelle, die ihre Entscheidungsprozesse transparent machen. Kommuniziere klar und verständlich, wie das System funktioniert und welche Faktoren berücksichtigt werden.
- **Datenschutz und Sicherheit:** Herausforderung: Die Verwendung großer Mengen persönlicher Daten kann Datenschutz- und Sicherheitsrisiken mit sich bringen.
Lösung: Implementiere starke Datenschutzmaßnahmen und -richtlinien. Nutze Anonymisierungstechniken und stelle sicher, dass die Datenspeicherung und -verarbeitung den geltenden Datenschutzgesetzen entspricht.
- **Verantwortlichkeit und Rechenschaftspflicht:** Herausforderung: Es kann schwierig sein, die Verantwortung für die Entscheidungen und Handlungen von KI-Systemen zuzuweisen.
Lösung: Definiere klare Verantwortlichkeiten innerhalb des Unternehmens. Stelle sicher, dass

es Mechanismen gibt, um die Handlungen von KI-Systemen zu überwachen und bei Bedarf zu korrigieren.

Best Practices für den ethischen Einsatz von KI

Um sicherzustellen, dass KI-Anwendungen ethisch und verantwortungsvoll sind, sollten Unternehmen die folgenden Best Practices beachten:

- **Ethische Leitlinien entwickeln:** Erstelle und implementiere ethische Leitlinien für den Einsatz von KI. Diese Leitlinien sollten klare Prinzipien und Standards für Fairness, Transparenz, Verantwortlichkeit und Datenschutz enthalten.
- **Interdisziplinäre Teams einbeziehen:** Bilde Teams aus verschiedenen Disziplinen, einschließlich Ethikexperten, Juristen und Technikern, um die ethischen Implikationen von KI-Anwendungen zu bewerten und zu überwachen.
- **Kontinuierliche Überprüfung und Bewertung:** Implementiere regelmäßige Überprüfungen und Bewertungen der KI-Systeme, um sicherzustellen, dass sie den ethischen Standards entsprechen. Nutze Audits und externe Bewertungen, um Unparteilichkeit zu gewährleisten.
- **Schulung und Sensibilisierung:** Biete Schulungen und Sensibilisierungsprogramme für Mitarbeiter an, um das Bewusstsein für ethische Fragen im Zusammenhang mit KI zu schärfen und ihnen die notwendigen Kenntnisse zu vermitteln.

- **Transparente Kommunikation:** Kommuniziere klar und transparent über die Nutzung von KI und die ethischen Überlegungen, die damit verbunden sind. Informiere die Nutzer über die Funktionsweise der KI-Systeme und deren Auswirkungen.

Beispiele für ethischen Einsatz von KI

Um die Theorie in die Praxis umzusetzen, schauen wir uns einige Beispiele an, wie Unternehmen KI ethisch und verantwortungsvoll einsetzen können:

- **Fairer Recruiting-Prozess:**
  Prompt: "Entwickle ein KI-gestütztes Recruiting-System, das sicherstellt, dass alle Bewerber unabhängig von Geschlecht, Ethnie oder Alter fair bewertet werden."
  Ergebnis: Ein objektiver und fairer Recruiting-Prozess, der Diskriminierung vermeidet und Vielfalt fördert.
- **Transparente Kreditbewertung:**
  Prompt: "Implementiere ein KI-System zur Kreditbewertung, das transparent erklärt, wie Entscheidungen getroffen werden und welche Faktoren berücksichtigt werden."
  Ergebnis: Größeres Vertrauen der Kunden in den Kreditbewertungsprozess und bessere Nachvollziehbarkeit der Entscheidungen.
- **Datenschutz im Gesundheitswesen:**
  Prompt: "Entwickle eine KI-Anwendung im Gesundheitswesen, die sicherstellt, dass die Privatsphäre der Patienten geschützt und persönliche Daten sicher gespeichert werden."

Ergebnis: Ein sicheres und vertrauenswürdiges System, das den Datenschutz der Patienten gewährleistet und gleichzeitig die Effizienz der Gesundheitsversorgung verbessert.
- **Verantwortungsvolle Nutzung von Gesichtserkennung:**
Prompt: "Implementiere Gesichtserkennungstechnologie, die ethische Standards einhält und den Missbrauch von Überwachungstechnologien verhindert."
Ergebnis: Ein verantwortungsvoller Einsatz von Gesichtserkennung, der die Privatsphäre respektiert und den Missbrauch verhindert.

Fazit

Der ethische Einsatz von KI ist entscheidend, um Vertrauen zu schaffen und sicherzustellen, dass KI-Anwendungen fair, transparent und verantwortungsvoll sind. Unternehmen müssen klare ethische Leitlinien entwickeln, interdisziplinäre Teams einbeziehen und kontinuierliche Überprüfungen und Schulungen durchführen. Durch die Umsetzung dieser Best Practices können Unternehmen die Vorteile von KI nutzen, ohne die ethischen Standards zu gefährden.

Im nächsten Kapitel werden wir zusätzliche Ressourcen zur Vertiefung der KI vorstellen. Wir werden eine Liste von Büchern, Kursen und Foren teilen, die dir helfen können, dein Wissen über KI weiter zu vertiefen. Bis dahin, viel Erfolg bei der ethischen und verantwortungsvollen Nutzung von KI in deinem Unternehmen!

Kapitel 12: Zusätzliche Ressourcen zur Vertiefung der KI

In diesem Kapitel bieten wir dir eine Fülle an Ressourcen, mit denen du dein Wissen über Künstliche Intelligenz (KI) weiter vertiefen kannst. Egal, ob du Anfänger bist oder bereits fortgeschrittene Kenntnisse hast – diese Bücher, Kurse und Foren werden dir helfen, deine Fähigkeiten auszubauen und auf dem neuesten Stand zu bleiben.

Bücher

- **"Artificial Intelligence: A Modern Approach" von Stuart Russell und Peter Norvig**
  Beschreibung: Dieses Buch gilt als Standardwerk zur KI und bietet umfassende Einblicke in die Prinzipien und Techniken der künstlichen Intelligenz. Es ist sowohl für Anfänger als auch für fortgeschrittene Leser geeignet.
- **"Deep Learning" von Ian Goodfellow, Yoshua Bengio und Aaron Courville**
  Beschreibung: Ein tiefgehender Einblick in das Thema Deep Learning, geschrieben von führenden Experten auf diesem Gebiet. Das Buch behandelt theoretische Konzepte sowie praktische Anwendungen.
- **"Superintelligence: Paths, Dangers, Strategies" von Nick Bostrom**
  Beschreibung: Bostrom untersucht die möglichen Zukunftsszenarien von KI und die

ethischen Herausforderungen, die mit einer superintelligenten KI verbunden sind. Ein spannendes Buch für alle, die sich für die langfristigen Auswirkungen von KI interessieren.
- **"Hands-On Machine Learning with Scikit-Learn, Keras, and TensorFlow" von Aurélien Géron**
Beschreibung: Dieses praktische Buch führt dich durch die Grundlagen des maschinellen Lernens und bietet zahlreiche Beispiele und Übungen mit den beliebten Bibliotheken Scikit-Learn, Keras und TensorFlow.
- **"The Master Algorithm: How the Quest for the Ultimate Learning Machine Will Remake Our World" von Pedro Domingos**
Beschreibung: Domingos beschreibt die Suche nach einem universellen Lernalgorithmus und erklärt auf zugängliche Weise die verschiedenen Ansätze des maschinellen Lernens.

Online-Kurse

- **Coursera – "Machine Learning" von Andrew Ng**
Beschreibung: Einer der beliebtesten und umfassendsten Online-Kurse zum maschinellen Lernen, angeboten von der Stanford University und geleitet von Andrew Ng, einem führenden Experten auf diesem Gebiet.
- **Udacity – "Deep Learning Nanodegree"**
Beschreibung: Ein intensives Programm, das dich in die Welt des Deep Learning einführt. Es umfasst Projekte und Übungen, die dir helfen, praktische Fähigkeiten zu entwickeln.

- **edX – "Artificial Intelligence (AI)" von Columbia University**
  Beschreibung: Ein umfassender Kurs zur künstlichen Intelligenz, der von der Columbia University angeboten wird. Der Kurs behandelt die grundlegenden Konzepte und Anwendungen der KI.
- **Kaggle – "Learn"**
  Beschreibung: Kaggle bietet eine Vielzahl von interaktiven Kursen an, die sich auf spezifische Bereiche des maschinellen Lernens und der Datenwissenschaft konzentrieren. Die Kurse sind praxisorientiert und beinhalten zahlreiche Übungen und Wettbewerbe.
- **DataCamp – "Data Science and Machine Learning"**
  Beschreibung: DataCamp bietet eine breite Palette von Kursen an, die sich auf Datenwissenschaft und maschinelles Lernen konzentrieren. Die Kurse sind interaktiv und praxisnah gestaltet.

Foren und Communitys

- **Stack Overflow**
  Beschreibung: Eine der größten und aktivsten Communitys für Programmierer und Entwickler. Hier findest du Antworten auf technische Fragen und kannst dich mit anderen Fachleuten austauschen.
- **Kaggle**
  Beschreibung: Kaggle ist nicht nur eine Plattform für Datenwissenschaftswettbewerbe, sondern auch eine lebendige Community, in der du

lernen, Projekte teilen und von anderen Experten lernen kannst.
- **Reddit – r/MachineLearning**
Beschreibung: Ein Subreddit, der sich auf maschinelles Lernen konzentriert. Hier findest du Diskussionen, Neuigkeiten, Forschungsarbeiten und praktische Tipps von einer großen Gemeinschaft von Enthusiasten und Experten.
- **AI Alignment Forum**
Beschreibung: Ein Forum, das sich auf die langfristigen Herausforderungen und ethischen Fragen der KI-Sicherheit und -Ausrichtung konzentriert. Es ist eine großartige Ressource für tiefgehende Diskussionen und Forschung.
- **LinkedIn Gruppen**
Beschreibung: Es gibt zahlreiche LinkedIn-Gruppen, die sich auf KI und maschinelles Lernen konzentrieren. Diese Gruppen bieten die Möglichkeit, sich zu vernetzen, Erfahrungen auszutauschen und auf dem Laufenden zu bleiben.

Konferenzen und Veranstaltungen

- **NeurIPS (Conference on Neural Information Processing Systems)**
Beschreibung: Eine der wichtigsten Konferenzen im Bereich des maschinellen Lernens und der künstlichen Intelligenz. Hier werden die neuesten Forschungsergebnisse und Entwicklungen vorgestellt.
- **ICML (International Conference on Machine Learning)**
Beschreibung: Eine führende internationale

Konferenz, die sich auf alle Aspekte des maschinellen Lernens konzentriert.
- **AAAI (Association for the Advancement of Artificial Intelligence)**
Beschreibung: Eine der ältesten und angesehensten Konferenzen im Bereich der KI. Sie deckt ein breites Spektrum von Themen ab und bietet zahlreiche Networking-Möglichkeiten.
- **CVPR (Conference on Computer Vision and Pattern Recognition)**
Beschreibung: Eine bedeutende Konferenz im Bereich der Computer Vision und Mustererkennung. Ideal für alle, die sich für Bildverarbeitung und verwandte Themen interessieren.
- **Webinare und Online-Workshops**
Beschreibung: Viele Organisationen und Unternehmen bieten regelmäßig Webinare und Online-Workshops zu verschiedenen Themen der KI an. Diese Veranstaltungen sind eine großartige Möglichkeit, sich weiterzubilden und mit Experten in Kontakt zu treten.

Fazit

Die Reise in die Welt der KI ist spannend und voller Lernmöglichkeiten. Mit den richtigen Ressourcen – sei es durch Bücher, Online-Kurse, Foren oder Konferenzen – kannst du dein Wissen vertiefen und deine Fähigkeiten weiterentwickeln. Bleib neugierig und offen für neue Entwicklungen, und du wirst in der Lage sein, das volle Potenzial der KI zu nutzen.

Kapitel 13: Ein Geschäft mit KI aufbauen

Willkommen zum vorletzten Kapitel des Buches „The Art of Prompting"! In diesem Kapitel zeigen wir dir, wie du ein Geschäft mithilfe von Künstlicher Intelligenz (KI) von Grund auf aufbauen kannst. Von der Ideenfindung über die Erstellung eines Namens und Logos bis hin zur Entwicklung einer Website und dem Start von Marketingkampagnen – KI kann jede Phase des Geschäftsaufbaus unterstützen und automatisieren. Lass uns loslegen und herausfinden, wie du mit KI dein eigenes erfolgreiches Unternehmen aufbauen kannst.

Ideenfindung und Marktanalyse

Der erste Schritt beim Aufbau eines Unternehmens ist die Entwicklung einer Geschäftsidee und die Analyse des Marktes. KI-Tools können dir dabei helfen, neue

Ideen zu generieren und die Marktchancen zu bewerten.

- **Ideengenerierung:**
  Tool: ChatGPT
  Beschreibung: Nutze KI-basierte Sprachmodelle wie ChatGPT, um Brainstorming-Sitzungen zu führen und kreative Geschäftsideen zu entwickeln. Du kannst spezifische Prompts verwenden, um die KI zu bitten, innovative Geschäftsideen basierend auf aktuellen Markttrends und deinen Interessen zu generieren.
- **Marktanalyse:**
  Tool: Google Trends
  Beschreibung: Verwende Google Trends, um herauszufinden, welche Themen und Produkte derzeit im Trend liegen. Analysiere die Suchvolumen und -trends, um eine fundierte Entscheidung über deine Geschäftsidee zu treffen.

Namensfindung und Branding

Ein einprägsamer Name und ein starkes Branding sind entscheidend für den Erfolg deines Unternehmens. KI-Tools können dir helfen, den perfekten Namen und ein professionelles Logo zu erstellen.

- **Namensfindung:**
  Tool: NameMesh
  Beschreibung: NameMesh verwendet KI, um basierend auf Schlüsselwörtern und Präferenzen einzigartige und verfügbare Geschäftsnamen zu

generieren. Du kannst verschiedene Kategorien wie SEO, neue Namen oder ähnliches erkunden.
- **Logoerstellung:**
Tool: Looka
Beschreibung: Looka ist ein KI-basiertes Tool, das Logos erstellt. Gib einfach den Namen deines Unternehmens und deine Designvorlieben ein, und Looka generiert professionelle Logos, aus denen du wählen kannst.

Erstellung einer Website

Eine ansprechende und funktionale Website ist das Herzstück deines Online-Geschäfts. Mit KI-Tools kannst du eine Website schnell und einfach erstellen, ohne Programmierkenntnisse zu benötigen.

- **Website-Erstellung:**
Tool: 10Web.io
Beschreibung: 10Web.io nutzt KI, um WordPress-Websites automatisch zu erstellen. Es bietet anpassbare Vorlagen, die du mit einem Drag-and-Drop-Editor bearbeiten kannst. Zudem optimiert 10Web.io deine Website für SEO und Ladegeschwindigkeit.
- **Content-Erstellung:**
Tool: Jarvis (ehemals Conversion.ai)
Beschreibung: Jarvis ist ein KI-Tool, das dir bei der Erstellung von Website-Inhalten hilft. Es kann Blogposts, Produktbeschreibungen und Landing-

Page-Texte generieren, die ansprechend und SEO-optimiert sind.

Marketing und Kundenakquise

Sobald deine Website live ist, musst du Marketingkampagnen starten, um Kunden zu gewinnen. KI-Tools können dir helfen, gezielte und effektive Marketingstrategien zu entwickeln und durchzuführen.

- **Social Media Marketing:**
  Tool: Hootsuite
  Beschreibung: Hootsuite nutzt KI, um die besten Zeiten für das Posten auf Social Media zu bestimmen, Inhalte zu planen und die Performance deiner Beiträge zu analysieren.
- **E-Mail-Marketing:**
  Tool: Mailchimp
  Beschreibung: Mailchimp verwendet KI, um personalisierte E-Mail-Kampagnen zu erstellen und die Zielgruppenansprache zu optimieren. Es analysiert das Verhalten der Empfänger und passt die Inhalte entsprechend an.
- **Anzeigenoptimierung:**
  Tool: Adext AI
  Beschreibung: Adext AI automatisiert die Optimierung von Online-Werbekampagnen auf Plattformen wie Google Ads und Facebook Ads. Es passt die Anzeigen in Echtzeit an, um die bestmöglichen Ergebnisse zu erzielen.
- **Content-Marketing:**
  Tool: BuzzSumo
  Beschreibung: BuzzSumo verwendet KI, um die

besten Inhalte und Themen für dein Publikum zu identifizieren. Es analysiert, welche Inhalte am meisten geteilt werden und welche Keywords am effektivsten sind.

Kundensupport und Kundenbindung

Ein exzellenter Kundensupport und die Pflege von Kundenbeziehungen sind entscheidend für den langfristigen Erfolg deines Unternehmens. KI-Tools können dir dabei helfen, deinen Kundenservice zu automatisieren und zu verbessern.

- **Chatbots:**
  Tool: Drift
  Beschreibung: Drift ist ein KI-gestützter Chatbot, der rund um die Uhr Kundenanfragen beantwortet und personalisierte Unterstützung bietet. Es kann auch Leads qualifizieren und an das Vertriebsteam weiterleiten.
- **Kundenfeedback:**
  Tool: SurveyMonkey
  Beschreibung: SurveyMonkey nutzt KI, um Umfragen zu erstellen und Kundenfeedback zu analysieren. Es bietet Einblicke in die Zufriedenheit und Bedürfnisse deiner Kunden und hilft dir, deine Produkte und Dienstleistungen zu verbessern.
- **CRM-Systeme:**
  Tool: HubSpot
  Beschreibung: HubSpot CRM verwendet KI, um Kundeninteraktionen zu verfolgen und zu analysieren. Es hilft dir, personalisierte

Marketingkampagnen zu erstellen und die Kundenbindung zu stärken.

Skalierung und Wachstum

Wenn dein Geschäft wächst, kannst du KI nutzen, um den Betrieb zu skalieren und effizienter zu gestalten.

- **Bestandsverwaltung:**
  Tool: TradeGecko
  Beschreibung: TradeGecko automatisiert die Bestandsverwaltung und hilft dir, den Lagerbestand in Echtzeit zu überwachen und Nachbestellungen effizient zu verwalten.
- **Finanzmanagement:**
  Tool: QuickBooks
  Beschreibung: QuickBooks verwendet KI, um Finanzprozesse zu automatisieren, Ausgaben zu verfolgen und detaillierte Berichte zu erstellen.
- **Mitarbeiterverwaltung:**
  Tool: BambooHR
  Beschreibung: BambooHR automatisiert HR-Prozesse wie die Einstellung, die Verwaltung von Mitarbeiterdaten und die Nachverfolgung von Urlaubszeiten.

Kapitel 14: Fazit und abschließende Überlegungen

Wir sind am Ende unserer Reise angelangt, auf der wir die vielen Facetten der Künstlichen Intelligenz (KI) und ihre Anwendungsmöglichkeiten in der Arbeitswelt erkundet haben. In diesem Kapitel fassen wir die wichtigsten Punkte zusammen und reflektieren über die Auswirkungen der KI auf unsere Arbeitsweise und die Zukunft der Arbeit.

Rückblick auf unsere Reise

Wir haben eine Vielzahl von Themen abgedeckt, von den Grundlagen der KI und ihrer Bedeutung in der Arbeitswelt bis hin zu spezifischen Anwendungsfällen und Techniken zur Erstellung effektiver Prompts. Hier sind die wichtigsten Punkte, die wir auf unserer Reise gelernt haben:

- **Einführung in die KI-Tools:** Wir haben die revolutionäre Wirkung der KI auf die Arbeitswelt und die wichtigsten KI-Tools für Fachleute kennengelernt. Diese Tools erleichtern uns die Arbeit und steigern unsere Effizienz.
- **Die Kunst, effektive Prompts zu erstellen:** Prompts sind der Schlüssel zu erfolgreichen Interaktionen mit KI. Durch klare und präzise Prompts können wir die besten Ergebnisse erzielen und die Leistungsfähigkeit der KI voll ausschöpfen.
- **Praktische Anwendungen und Produktivitätsstrategien:** KI kann in vielen

Bereichen des Arbeitsalltags eingesetzt werden, von Marketing und Vertrieb über Finanzen und Personalwesen bis hin zum E-Commerce. Durch Automatisierung und personalisierte Erlebnisse können wir unsere Effizienz und Effektivität erheblich steigern.
- **Zukunft und Ethik der KI am Arbeitsplatz:** Die Zukunft der KI ist vielversprechend, aber es gibt auch wichtige ethische Überlegungen. Wir müssen sicherstellen, dass KI fair, transparent und verantwortungsvoll eingesetzt wird.
- **Zusätzliche Ressourcen zur Vertiefung der KI:** Wir haben eine Vielzahl von Büchern, Online-Kursen und Foren vorgestellt, die dir helfen können, dein Wissen über KI weiter zu vertiefen und auf dem neuesten Stand zu bleiben.
- **Ein Geschäft mit KI aufbauen:** Wir haben gezeigt, wie KI-Tools den Prozess des Aufbaus und Wachstums eines Unternehmens erheblich erleichtern können. Von der Ideenfindung bis zur Durchführung von Marketingkampagnen bietet KI zahlreiche Möglichkeiten, dein Unternehmen effizienter und erfolgreicher zu machen.

Die Auswirkungen der KI auf die Arbeitswelt

Die Einführung und Integration von KI hat tiefgreifende Auswirkungen auf die Arbeitswelt:

- **Produktivitätssteigerung:** KI automatisiert repetitive Aufgaben und ermöglicht es uns, uns auf kreativere und strategischere Arbeiten zu konzentrieren. Dies führt zu einer erheblichen Steigerung der Produktivität.

- **Personalisierung und Kundenerfahrung:** KI ermöglicht maßgeschneiderte Erlebnisse für Kunden, die deren Zufriedenheit und Bindung erhöhen. Durch die Analyse von Kundendaten können wir personalisierte Empfehlungen und Angebote erstellen.
- **Datengetriebene Entscheidungen:** KI kann große Datenmengen analysieren und wertvolle Erkenntnisse liefern, die uns helfen, fundierte Entscheidungen zu treffen und die Wettbewerbsfähigkeit zu verbessern.
- **Ethik und Verantwortung:** Mit der Verbreitung von KI müssen wir sicherstellen, dass wir ethische Standards einhalten und verantwortungsvoll handeln. Datenschutz, Transparenz und Fairness sind entscheidend.

Abschließende Überlegungen

Die Reise in die Welt der KI ist aufregend und voller Potenzial. Hier sind einige abschließende Gedanken, die du mitnehmen solltest:

- **Sei offen für Veränderungen:** Die Welt der KI entwickelt sich ständig weiter. Sei offen für neue Technologien und Ansätze und bereit, dich anzupassen und weiterzulernen.
- **Investiere in Wissen und Bildung:** Bildung ist der Schlüssel, um das volle Potenzial der KI auszuschöpfen. Investiere in die Weiterbildung deiner Mitarbeiter und nutze die verfügbaren Ressourcen, um dein Wissen zu erweitern.
- **Handle verantwortungsvoll:** Setze dich für ethische Standards ein und handle

verantwortungsvoll im Umgang mit KI. Achte darauf, dass deine KI-Anwendungen fair, transparent und respektvoll sind.
- **Nutze die Vorteile der KI:** Nutze die vielen Vorteile der KI, um deine Arbeit effizienter und produktiver zu gestalten. Sei kreativ und experimentiere mit verschiedenen Anwendungen, um herauszufinden, wie KI dir am besten helfen kann.
- **Bleib neugierig und engagiert:** Die Welt der KI ist faszinierend und voller Möglichkeiten. Bleib neugierig und engagiert, und du wirst in der Lage sein, die aufregenden Entwicklungen in diesem Bereich zu verfolgen und davon zu profitieren.

Danksagung

Zum Schluss möchte ich mich bei dir bedanken, dass du uns auf dieser Reise begleitet hast. Wir hoffen, dass du wertvolle Einblicke und praktische Tipps gewonnen hast, die dir helfen werden, KI erfolgreich in deinen Arbeitsalltag zu integrieren. Viel Erfolg bei deinen zukünftigen Projekten und der Nutzung von KI!

Bis zum nächsten Abenteuer in der Welt der Künstlichen Intelligenz!

Máximo.

KI-Tools im Buch „The Art of Prompting"

Tool	Beschreibung	Link
ChatGPT	KI-basiertes Sprachmodell zur Ideenfindung und Erstellung von Texten.	openai.com/chatgpt
Google Trends	Tool zur Analyse aktueller Suchtrends und -volumen.	trends.google.com
NameMesh	KI-Tool zur Generierung einzigartiger und verfügbarer Geschäftsnamen.	namemesh.com
Looka	KI-basiertes Tool zur Erstellung professioneller Logos.	looka.com

Tool	Beschreibung	Link
10Web.io	KI-gestütztes Tool zur automatischen Erstellung von WordPress-Websites.	10web.io
Jarvis (ehemals Conversion.ai)	KI-Tool zur Erstellung von Website-Inhalten und Marketingtexten.	jasper.ai
Hootsuite	KI-gestütztes Social Media Management Tool zur Planung und Analyse von Inhalten.	hootsuite.com
Mailchimp	KI-gestütztes E-Mail-Marketing-Tool zur Erstellung personalisierter Kampagnen.	mailchimp.com
Adext AI	KI-Tool zur Optimierung von	adext.com

Tool	Beschreibung	Link
	Online-Werbekampagnen.	
BuzzSumo	KI-gestütztes Tool zur Analyse und Identifikation von erfolgreichen Inhalten.	buzzsumo.com
Drift	KI-gestützter Chatbot zur Automatisierung des Kundensupports.	drift.com
SurveyMonkey	KI-gestütztes Tool zur Erstellung und Analyse von Umfragen.	surveymonkey.com
HubSpot CRM	KI-gestütztes CRM-Tool zur Verwaltung und Analyse von Kundeninteraktionen.	hubspot.com

Tool	Beschreibung	Link
TradeGecko	KI-gestütztes Tool zur Automatisierung der Bestandsverwaltung.	tradegecko.com
QuickBooks	KI-gestütztes Finanzmanagement-Tool zur Automatisierung von Finanzprozessen.	quickbooks.intuit.com
BambooHR	KI-gestütztes HR-Tool zur Verwaltung von Mitarbeiterdaten und Prozessen.	bamboohr.com

Zusätzliche KI-Tools

Tool	Beschreibung	Link
TensorFlow	Open-Source-Bibliothek für maschinelles Lernen und Deep Learning von Google.	tensorflow.org
PyTorch	Open-Source-Deep-Learning-Bibliothek von Facebook AI Research.	pytorch.org
IBM Watson	KI-Plattform von IBM, die verschiedene KI-Dienste wie Sprachverarbeitung und maschinelles Lernen bietet.	ibm.com/watson
Microsoft Azure AI	KI-Dienste von Microsoft zur Entwicklung intelligenter Anwendungen.	azure.microsoft.com
Google Cloud AI	KI-Dienste von Google zur Entwicklung und	cloud.google.com/ai

Tool	Beschreibung	Link
	Implementierung von KI-Modellen.	
Amazon SageMaker	Service von AWS zur Erstellung, Schulung und Bereitstellung von maschinellen Lernmodellen.	aws.amazon.com/sagemaker
BigML	Plattform zur Erstellung und Bereitstellung von maschinellen Lernmodellen.	bigml.com
H2O.ai	Open-Source-Plattform für maschinelles Lernen.	h2o.ai
DataRobot	Automatisierte Plattform für maschinelles Lernen zur schnellen Erstellung und Implementierung von Modellen.	datarobot.com
Alteryx	Self-Service-Datenanalyse- und -	alteryx.com

Tool	Beschreibung	Link
	Vorbereitungsplattform.	
RapidMiner	Plattform für Datenwissenschaft und maschinelles Lernen.	rapidminer.com
Keras	Open-Source-Deep-Learning-Bibliothek in Python.	keras.io
KNIME	Open-Source-Software für Datenanalyse und maschinelles Lernen.	knime.com
Weka	Software für maschinelles Lernen und Datenanalyse.	cs.waikato.ac.nz/ml/weka
AutoML	Automatisierte maschinelle Lernplattform von Google Cloud.	cloud.google.com/automl
Hugging Face	Plattform für natürliche Sprachverarbeitung	huggingface.co

Tool	Beschreibung	Link
	und vortrainierte Sprachmodelle.	
Clarifai	KI-Plattform für visuelle Erkennung und Bildverarbeitung.	clarifai.com
OpenCV	Open-Source-Bibliothek für Computer Vision.	opencv.org
Matplotlib	Bibliothek zur Erstellung von statischen, animierten und interaktiven Visualisierungen in Python.	matplotlib.org
Scikit-learn	Bibliothek für maschinelles Lernen in Python.	scikit-learn.org
Orange	Open-Source-Datenvisualisierungs- und Analysesoftware.	orange.biolab.si
Caffe	Deep Learning Framework entwickelt	caffe.berkeleyvision.org

Tool	Beschreibung	Link
	von Berkeley AI Research.	
MXNet	Open-Source-Deep-Learning-Framework entwickelt von Apache.	mxnet.apache.org
Microsoft Power BI	Geschäftsanalysetool zur Visualisierung und Analyse von Daten.	powerbi.microsoft.com
Tableau	Interaktive Datenvisualisierungssoftware.	tableau.com
QlikView	Geschäftsanalyseplattform für Datenvisualisierung und -analyse.	qlik.com
IBM SPSS	Softwarepaket für statistische Analyse.	ibm.com/analytics/spss-statistics-software
SAS	Software zur Analyse von Daten und Erstellung von Prognosen.	sas.com

Tool	Beschreibung	Link
Salesforce Einstein	KI-gestützte CRM-Plattform von Salesforce.	salesforce.com/products/einstein-overview
Zoho CRM	KI-gestütztes CRM-Tool zur Verwaltung von Kundenbeziehungen.	zoho.com/crm
Adobe Sensei	KI- und maschinelles Lernen-Plattform von Adobe zur Verbesserung von Kreativität und Marketing.	adobe.com/sensei.html
Grammarly	KI-gestütztes Tool zur Rechtschreib- und Grammatikprüfung.	grammarly.com
Crystal Knows	KI-Tool zur Analyse von Persönlichkeitsprofilen.	crystalknows.com
Hemingway Editor	Tool zur Verbesserung der Lesbarkeit und Klarheit von Texten.	hemingwayapp.com

Tool	Beschreibung	Link
Legal Robot	KI-Tool zur Analyse und Vereinfachung von Rechtsdokumenten.	legalrobot.com
X.AI	KI-gestützter persönlicher Assistent zur Terminplanung.	

Allgemeine Prompts und ihre Ziele

Prompt	Ziel / Erklärung
„Schreibe einen 500-Wörter-Artikel über die Vorteile von KI im Gesundheitswesen."	Erstellung eines informativen Artikels über die positiven Auswirkungen von KI im medizinischen Bereich.
„Erstelle eine Liste der zehn besten Tools für Datenanalyse."	Zusammenstellung nützlicher Tools für die Datenanalyse.
„Schreibe eine Zusammenfassung der neuesten Trends in der KI-Forschung."	Bereitstellung aktueller Informationen über die jüngsten Entwicklungen in der KI-Forschung.
„Erkläre, wie neuronale Netze funktionieren."	Beschreibung der Funktionsweise und Struktur von neuronalen Netzen.
„Erstelle einen Leitfaden für die Implementierung von KI in kleinen Unternehmen."	Anleitung zur Einführung und Nutzung von KI-Technologien in kleinen Unternehmen.

Prompt	Ziel / Erklärung
„Vergleiche die Vor- und Nachteile von Supervised und Unsupervised Learning."	Gegenüberstellung der verschiedenen Methoden des maschinellen Lernens.
„Schreibe eine Fallstudie über den Einsatz von KI im E-Commerce."	Analyse und Darstellung eines konkreten Beispiels für den Einsatz von KI im Online-Handel.
„Erkläre den Unterschied zwischen KI, maschinellem Lernen und Deep Learning."	Klärung der Unterschiede und Zusammenhänge zwischen den verschiedenen Bereichen der KI.
„Erstelle eine Präsentation über die ethischen Herausforderungen der KI."	Darstellung der wichtigsten ethischen Fragen und Herausforderungen im Zusammenhang mit KI.
„Schreibe einen Blogpost über die Geschichte der	Erstellung eines informativen Blogposts über die Entwicklung und Meilensteine der KI.

Prompt	Ziel / Erklärung
Künstlichen Intelligenz."	
„Erkläre die Rolle von KI in der Automobilindustrie."	Beschreibung der Anwendungen und Vorteile von KI im Automobilsektor.
„Erstelle eine Liste der häufigsten Anwendungsgebiete von KI."	Zusammenstellung von Bereichen, in denen KI häufig eingesetzt wird.
„Schreibe einen Artikel über die Zukunft der Arbeit mit KI."	Diskussion über die potenziellen Veränderungen und Herausforderungen in der Arbeitswelt durch KI.
„Erkläre die Grundlagen von Natural Language Processing (NLP)."	Einführung in die Grundprinzipien und Anwendungen der natürlichen Sprachverarbeitung.
„Erstelle eine Infografik über die	Visuelle Darstellung der verschiedenen KI-

Prompt	Ziel / Erklärung
verschiedenen Arten von KI-Algorithmen."	Algorithmen und ihrer Anwendungen.
„Schreibe eine Anleitung zur Erstellung eines einfachen KI-Modells mit Python."	Schritt-für-Schritt-Anleitung zur Erstellung eines KI-Modells mit der Programmiersprache Python.
„Erkläre die Bedeutung von Daten in der KI."	Darstellung der Rolle und des Wertes von Daten für KI-Modelle und -Anwendungen.
„Schreibe einen Bericht über die Auswirkungen von KI auf den Arbeitsmarkt."	Analyse der potenziellen Auswirkungen von KI auf Beschäftigung und Arbeitsmarkttrends.
„Erstelle eine Checkliste für die Implementierung von KI in einem Unternehmen."	Nützliche Schritte und Überlegungen zur Einführung von KI in einem Unternehmen.
„Erkläre die Konzepte von Überanpassung	Beschreibung der häufigen Probleme und

Prompt	Ziel / Erklärung
und Unteranpassung in KI-Modellen."	Herausforderungen beim Training von KI-Modellen.
„Schreibe eine Analyse der Risiken und Chancen von KI."	Diskussion über die potenziellen Vorteile und Risiken der KI-Technologie.
„Erstelle eine Liste der wichtigsten KI-Frameworks und -Bibliotheken."	Zusammenstellung der gängigsten Tools und Bibliotheken für die Entwicklung von KI-Anwendungen.
„Schreibe einen Artikel über die Rolle von KI in der Finanzbranche."	Beschreibung der Anwendungen und Vorteile von KI im Finanzsektor.
„Erkläre die Prinzipien des Reinforcement Learning."	Einführung in die Grundprinzipien und Anwendungen des verstärkenden Lernens.
„Erstelle eine Übersicht über die verschiedenen Arten	Beschreibung der unterschiedlichen Typen von neuronalen Netzen und ihrer Anwendungsgebiete.

Prompt	Ziel / Erklärung
von neuronalen Netzen."	
„Schreibe eine Anleitung zur Erstellung eines Chatbots mit KI."	Schritt-für-Schritt-Anleitung zur Entwicklung eines KI-gestützten Chatbots.
„Erkläre die Bedeutung von Feature Engineering in der KI."	Beschreibung des Prozesses und der Bedeutung der Merkmalsauswahl und -gestaltung in der KI.
„Schreibe einen Blogpost über die Herausforderungen der KI-Sicherheit."	Diskussion über die Sicherheitsaspekte und Herausforderungen beim Einsatz von KI.
„Erstelle eine Liste der zehn wichtigsten KI-Konferenzen weltweit."	Zusammenstellung der bedeutendsten Konferenzen und Veranstaltungen im Bereich KI.
„Erkläre die Funktionsweise von	Beschreibung der Struktur und des Einsatzes von

Prompt	Ziel / Erklärung
Entscheidungsbäumen in der KI."	Entscheidungsbäumen in der KI.
„Schreibe einen Artikel über die ethischen Implikationen von KI."	Diskussion über die ethischen Fragen und Herausforderungen im Zusammenhang mit KI.
„Erstelle eine Präsentation über die Anwendungen von KI im Bildungswesen."	Darstellung der verschiedenen Einsatzmöglichkeiten von KI im Bildungssektor.
„Schreibe eine Fallstudie über den Einsatz von KI im Gesundheitswesen."	Analyse eines konkreten Beispiels für den Einsatz von KI im medizinischen Bereich.
„Erkläre die Prinzipien des Transfer Learning."	Einführung in das Konzept des Transferlernens und seine Anwendungen in der KI.
„Erstelle eine Übersicht über die verschiedenen Arten	Beschreibung der unterschiedlichen Clustering-

Prompt	Ziel / Erklärung
von Clustering-Algorithmen."	Methoden und ihrer Anwendungsgebiete.
„Schreibe einen Leitfaden für die Erstellung eines KI-basierten Empfehlungssystems."	Schritt-für-Schritt-Anleitung zur Entwicklung eines Empfehlungssystems mit KI.
„Erkläre die Bedeutung von Datenvorverarbeitung in der KI."	Beschreibung der Schritte und der Bedeutung der Datenvorverarbeitung für KI-Modelle.
„Schreibe einen Blogpost über die Rolle von KI in der Automatisierung."	Diskussion über die Anwendungen und Vorteile von KI in der Automatisierung.
„Erstelle eine Liste der wichtigsten KI-Startups weltweit."	Zusammenstellung der innovativsten und vielversprechendsten KI-Startups.

Prompt	Ziel / Erklärung
„Erkläre die Prinzipien der Bildverarbeitung mit KI."	Einführung in die Grundprinzipien und Anwendungen der Bildverarbeitung mit KI.
„Schreibe eine Anleitung zur Durchführung eines KI-Projekts von Anfang bis Ende."	Schritt-für-Schritt-Anleitung zur Planung und Durchführung eines KI-Projekts.
„Erstelle eine Infografik über die wichtigsten Meilensteine in der Geschichte der KI."	Visuelle Darstellung der bedeutendsten Entwicklungen und Meilensteine der KI.
„Schreibe einen Artikel über die Herausforderungen der KI-Implementierung in Unternehmen."	Diskussion über die typischen Herausforderungen und Lösungsansätze bei der Einführung von KI in Unternehmen.
„Erkläre die Konzepte der Klassifikation und Regression in der KI."	Beschreibung der grundlegenden Konzepte und Unterschiede zwischen

Prompt	Ziel / Erklärung
	Klassifikation und Regression.
„Schreibe eine Fallstudie über den Einsatz von KI in der Logistik."	Analyse eines konkreten Beispiels für den Einsatz von KI im Logistikbereich.
„Erstelle eine Präsentation über die Bedeutung von Explainable AI (XAI)."	Darstellung der Konzepte und der Bedeutung von erklärbarer KI.

Prompts für verschiedene Aufgaben

Prompt	Ziel oder Erklärung
Produktivität	
„Erstelle eine To-Do-Liste für heute."	Organisation der täglichen Aufgaben.
„Schreibe eine detaillierte Wochenplanung."	Planung der Woche zur Steigerung der Effizienz.
„Setze SMART-Ziele für das nächste Quartal."	Definition spezifischer, messbarer, erreichbarer, relevanter und zeitgebundener Ziele.
„Erstelle eine Prioritätenliste für deine Aufgaben."	Identifikation und Priorisierung wichtiger Aufgaben.
„Schreibe eine Liste der täglichen Gewohnheiten, die du ändern möchtest."	Verbesserung der täglichen Routine.

Prompt	Ziel oder Erklärung
„Erstelle eine Monatsübersicht mit wichtigen Terminen und Deadlines."	Langfristige Planung und Fristenverwaltung.
„Schreibe einen Plan zur Steigerung deiner Produktivität im Homeoffice."	Optimierung des Arbeitsumfelds zu Hause.
„Erstelle eine Liste mit Zeitmanagement-Tools und deren Nutzen."	Auswahl der besten Tools zur Optimierung des Zeitmanagements.
„Setze tägliche, wöchentliche und monatliche Ziele für dein Team."	Förderung der Teamproduktivität durch klare Zielsetzung.
„Schreibe eine Anleitung zur effektiven Nutzung von Kalender-Apps."	Verbesserung der Kalenderorganisation und Terminplanung.
„Erstelle eine Checkliste für die Durchführung	Sicherstellung effektiver und produktiver Meetings.

Prompt	Ziel oder Erklärung
eines erfolgreichen Meetings."	
„Schreibe eine Liste mit Ablenkungen, die du eliminieren möchtest."	Reduktion von Ablenkungen zur Steigerung der Konzentration.
„Erstelle einen Plan zur Verbesserung deiner E-Mail-Produktivität."	Effizientere Verwaltung und Bearbeitung von E-Mails.
„Setze wöchentliche Reflexionszeiten zur Überprüfung deiner Fortschritte."	Regelmäßige Überprüfung und Anpassung der Ziele.
„Schreibe eine Liste mit produktivitätssteigernden Büchern, die du lesen möchtest."	Weiterbildung und Inspiration durch relevante Literatur.
„Erstelle eine tägliche Morgenroutine, die deine Produktivität steigert."	Optimierung des Tagesstarts für mehr Effizienz.

Prompt	Ziel oder Erklärung
„Erstelle eine Liste von Podcasts, die sich auf Produktivität und Selbstmanagement konzentrieren."	Inspiration und Tipps zur Steigerung der eigenen Produktivität.
„Schreibe eine Liste von Apps, die dir helfen können, fokussiert zu bleiben."	Auswahl von Apps zur Unterstützung der Konzentration und Produktivität.
„Erstelle einen Plan zur Minimierung von Prokrastination."	Strategien zur Überwindung von Aufschieberitis.
Persönliche Entwicklung	
„Schreibe ein Tagebuch über deine täglichen Erlebnisse und Reflexionen."	Selbstreflexion und Bewusstseinssteigerung.
„Setze dir monatliche persönliche Entwicklungsziele."	Förderung des persönlichen Wachstums.

Prompt	Ziel oder Erklärung
„Erstelle eine Liste von Büchern zur Persönlichkeitsentwicklung, die du lesen möchtest."	Weiterbildung und Inspiration zur persönlichen Entwicklung.
„Schreibe eine Liste von Kursen oder Workshops, die du besuchen möchtest."	Erweiterung des Wissens und der Fähigkeiten.
„Erstelle einen Plan zur Verbesserung deiner Kommunikationsfähigkeiten."	Förderung effektiver Kommunikation.
„Setze dir Ziele zur Steigerung deiner emotionalen Intelligenz."	Verbesserung des emotionalen Verständnisses und der sozialen Fähigkeiten.
„Schreibe eine Liste von Hobbys, die du ausprobieren möchtest."	Entdeckung neuer Interessen und Talente.
„Erstelle einen Plan zur Verbesserung deines	Förderung der physischen Gesundheit

Prompt	Ziel oder Erklärung
körperlichen Wohlbefindens."	durch Sport und Ernährung.
„Setze dir Ziele zur Verbesserung deiner mentalen Gesundheit."	Pflege der geistigen und emotionalen Gesundheit.
„Schreibe eine Dankbarkeitsliste und aktualisiere sie täglich."	Fokussierung auf positive Aspekte des Lebens.
„Erstelle eine Vision Board mit deinen langfristigen Zielen und Träumen."	Visualisierung und Motivation für persönliche Ziele.
„Schreibe eine Liste mit Fähigkeiten, die du erlernen möchtest."	Planung der persönlichen Weiterbildung.
„Erstelle einen Plan zur Steigerung deines Selbstvertrauens."	Förderung des Selbstbewusstseins und der Selbstsicherheit.
„Setze dir Ziele zur Verbesserung deiner	Optimierung der Zeitnutzung für

Prompt	Ziel oder Erklärung
Zeitmanagementfähigkeiten."	persönliche und berufliche Aufgaben.
„Schreibe eine Liste von Mentoren oder Vorbildern, von denen du lernen möchtest."	Inspiration und Lernen von erfahrenen Personen.
„Erstelle einen Plan zur Steigerung deiner Kreativität."	Förderung kreativen Denkens und Schaffens.
„Setze dir Ziele zur Verbesserung deiner digitalen Fähigkeiten."	Erweiterung der Kompetenzen im Umgang mit digitalen Technologien.
„Schreibe eine Liste von Ländern, die du bereisen möchtest, und plane deine Reisen."	Erweiterung des kulturellen Verständnisses und der Reiseerfahrung.
„Erstelle einen Plan zur Verbesserung deiner Schlafgewohnheiten."	Förderung gesunder Schlafmuster für mehr Energie und Wohlbefinden.

Prompt	Ziel oder Erklärung
Arbeit	
„Schreibe eine Liste deiner beruflichen Ziele für das nächste Jahr."	Klare Definition und Planung beruflicher Ziele.
„Erstelle einen Plan zur Verbesserung deiner beruflichen Fähigkeiten."	Förderung der beruflichen Weiterentwicklung.
„Schreibe eine Liste von Networking-Events, die du besuchen möchtest."	Erweiterung des beruflichen Netzwerks.
„Erstelle eine Übersicht über deine beruflichen Erfolge und Meilensteine."	Dokumentation und Reflexion beruflicher Fortschritte.
„Setze dir Ziele zur Verbesserung deiner Führungskompetenzen."	Förderung effektiver Führungsfähigkeiten.
„Schreibe einen Plan zur Verbesserung deiner Teamarbeit."	Optimierung der Zusammenarbeit im Team.

Prompt	Ziel oder Erklärung
„Erstelle eine Liste von Online-Kursen zur beruflichen Weiterbildung."	Auswahl von Weiterbildungsmöglichkeiten zur beruflichen Entwicklung.
„Schreibe eine Liste mit Projekten, die du in diesem Jahr abschließen möchtest."	Planung und Priorisierung beruflicher Projekte.
„Erstelle einen Plan zur Verbesserung deiner Präsentationsfähigkeiten."	Förderung effektiver Präsentationstechniken.
„Setze dir Ziele zur Verbesserung deiner Verhandlungskompetenzen."	Entwicklung effektiver Verhandlungsfähigkeiten.
„Schreibe eine Anleitung zur effektiven Delegation von Aufgaben."	Optimierung der Aufgabenverteilung im Team.
„Erstelle eine Liste von beruflichen Mentoren und	Aufbau und Pflege von Mentoring-Beziehungen.

Prompt	Ziel oder Erklärung
plane regelmäßige Treffen."	
„Schreibe einen Plan zur Verbesserung deiner beruflichen Kommunikation."	Förderung klarer und effektiver beruflicher Kommunikation.
„Erstelle eine Liste von beruflichen Zertifikaten, die du erwerben möchtest."	Planung der beruflichen Weiterbildung durch Zertifikate.
„Setze dir Ziele zur Verbesserung deiner Konfliktlösungsfähigkeiten."	Entwicklung effektiver Strategien zur Konfliktbewältigung.
„Schreibe eine Liste von Branchentrends, über die du dich informieren möchtest."	Auf dem Laufenden bleiben über aktuelle Entwicklungen in der Branche.
„Erstelle einen Plan zur Verbesserung deiner IT-Kenntnisse."	Erweiterung der technischen Fähigkeiten im beruflichen Kontext.

Prompt	Ziel oder Erklärung
„Schreibe eine Liste von Fachkonferenzen, die du besuchen möchtest."	Teilnahme an relevanten Fachveranstaltungen zur Weiterbildung und Vernetzung.
„Erstelle einen Plan zur Optimierung deiner Arbeitsumgebung."	Gestaltung eines produktiven und angenehmen Arbeitsplatzes.

Unterhaltung	
„Erstelle eine Liste von Filmen, die du in diesem Jahr sehen möchtest."	Planung der Freizeitaktivitäten durch Auswahl interessanter Filme.
„Schreibe eine Liste von Büchern, die du lesen möchtest."	Zusammenstellung einer Leseliste für entspannende und unterhaltsame Stunden.
„Erstelle eine Playlist mit deinen Lieblingssongs."	Zusammenstellung einer Musikplaylist zur Entspannung und Unterhaltung.

Prompt	Ziel oder Erklärung
„Schreibe eine Liste von Rezepten, die du ausprobieren möchtest."	Planung kulinarischer Experimente und Genüsse.
„Erstelle eine Liste von Sehenswürdigkeiten, die du besuchen möchtest."	Planung von Ausflügen und Reisen zu interessanten Orten.
„Schreibe eine Liste von Hobbys, die du ausprobieren möchtest."	Erkundung neuer Freizeitaktivitäten und Interessen.
„Erstelle einen Plan für ein Wochenendprojekt."	Planung und Durchführung eines kreativen oder handwerklichen Projekts.
„Schreibe eine Liste von Spielen, die du mit Freunden spielen möchtest."	Planung geselliger Spielabende mit Freunden.
„Erstelle eine Liste von Sportarten, die du ausprobieren möchtest."	Erkundung neuer sportlicher Aktivitäten zur körperlichen Ertüchtigung.

Prompt	Ziel oder Erklärung
„Schreibe eine Liste von Orten, die du in deiner Stadt erkunden möchtest."	Entdeckung neuer Plätze und Attraktionen in der eigenen Umgebung.

www.ingramcontent.com/pod-product-compliance
Lightning Source LLC
Chambersburg PA
CBHW071833210526
45479CB00001B/120